LE COVRRIER BVRLESQVE

de la Guerre de Paris,

ENVOYÉ

A MONSEIGNEVR LE PRINCE DE CONDÉ,

pour diuertir son Altesse
durant sa prison.

*Ensemble tout ce qui se passa
iusqu'au Retour de leurs
Majestez.* Par
S. Iulien.

Imprimé à Anvers,
Et se Vend à Paris, au Palais.

M. DC. L.

A MONSIEVR
LE MARQVIS
D'ALLVYE.

MONSIEVR,

Mon Courrier à son retour
du Bois de Vincennes ayant
desiré se promener dans Paris
dont il estoit si proche, & ayant
besoing de quelque Asyle dans
cette Ville, en vn temps qu'il est
deffendu à tous hostes de receuoir aucun Estranger, s'est allé

camper chez vous, d'où il ne fortiroit pas pour le Pape. Voftre naiffance illuftre, voftre rang à la Cour, voftre vertu, voftre bonté, voftre generofité, &c. m'exempteront s'il leur plaift d'vne Epiftre dedicatoire que ie ne fçaurois acheuer, & qui ne vous feroit pas grand honneur, puis que vous eftes bien au deffus de tout ce que ie pourrois dire. En vn mot ie vous enuoye mon Courrier, daignez faire mettre fon cheual à l'Efcurie, & luy dans voftre appartement; apres auoir parlé au plus grand & plus affligé Prince du monde, il peut

bien pretendre d'entretenir vn
Seigneur des plus accomplis.
Mais de grace encore vne fois
ne m'obligez pas de vous faire
vne Epiſtre (que ie n'auois pas
pourtant ſi mal commencée,&
dont la premiere periode étoit
aſſez iuſte) & n'eſperez pas
que i'entreprenne moy ſeul de
vous remercier icy des bon-
tez & des graces que vous auez
partagées à toute ma famille.
Nenny dà, il me ſuffit que ie
vous dedie, ſans vous le dire
en beaux termes : la verité ne
veut point de fard, & vous la
verrez toute nuë dans les deſ-
peſches de mon Courrier.

que i'ay chargé de vous asseurer que ie suis,

MONSIEVR,

Vostre tres-humble & tres-
obeïssant seruiteur,
A. B. C. D. E.

Aduis tres-salutaire au Lecteur.

Primò. Ce Courrier bien que venant des Pays-Bas, est natif de Paris, & baptisé sur les fonds de sainct Paul.

Item, Par le mot de Royal, il entend tout ce qui appartient au Roy ou à la Reyne.

Item, Par le mot de la Cour, il entend tousiours la Cour de Parlement.

Item, Par le mot d'Audience, il entend la Grand' Chambre où elle se tient.

En dernier lieu, il parle presque tousiours à Monsieur le Prince, disant, Vous fistes cecy, & nous fismes cella. Adieu Lecteur.

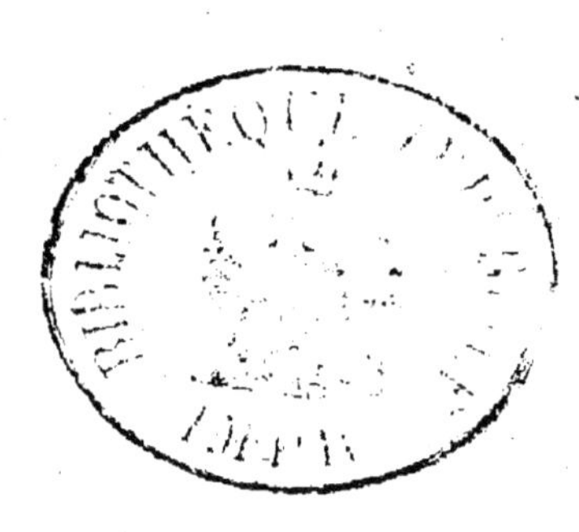

LE COVRRIER BVRLESQVE

de la Guerre de Paris,

ENVOYE'
A MONSEIGNEVR
LE PRINCE DE CONDE'

pour diuertir fon Alteffe,
durant fa prifon.

VOVS, *la terreur de l'Vniuers,*
Moy Courrier fuis party d'An-
vers,
Pour entretenir voftre Alteffe,
Et pour diuertir fa trifteffe.
Prince, fi mon deffein eft grand,
Ie prens voftre cœur pour garand,

Et dans vn malheur si funeste
Ie luy laisse à faire le reste :
C'est luy qui vous consolera,
Qui mieux que moy diuertira
L ennuy mortel qui vous accable :
C'est luy qui combattra le diable,
S'il vous tentoit de desespoir;
Et c'est luy qui doit faire voir
Que vous le vainqueur d'Allemagne,
La terreur de Flandre & d'Espagne,
Riez du sort & de ses coups
Qui sont grands, mais bien moins que
      vous.
Adonc sur cette confiance
Que ie prends de vostre constance,
Et de vostre religion,
(Car contre la tentation
En prenant vn peu d'eau beniste
Vous la ferez courir bien viste.)
Ie viens pour charmer vos douleurs
Iustes dans de si grands malheurs;
Et connoissant que la lecture

En peut seule faire la cure,
Ie viens auec ce lenitif
Tres propre à guerir vn captif;
Et pour commencer vne histoire
Toute fraische en vostre memoire
Par la mort du grand Chastillon;
Voila vos Dames, tout de bon;
C'est fait.　Dego s'en va.　Silence.
Paix là, Monseigneur, ie commence.
　　L'An estoit encore toute neuf
De mix six cens quarante neuf,
C'estoit la cinquiesme iournée　　s. Ian.
De l'aisné des mois de l'année,
Quand le Roy vint dans le fauxbourg
A l'Hostel iadis Luxembourg,
Et qu'vne Grammaire nouuelle
Le Palais d'Orleans appelle.
Là dans la chambre où s'alictoit
Madame, qui febricitoit,
Commēt vous portez vous, ma Tante,
Disoit le Roy, Vostre seruante,
Respondit Madame, Assez mal.

Mais la Reine & le Cardinal
S'entretenoient dans vne salle
Auec son Altesse Royalle.
Ce qu'ils dirent, ie ne sçay pas,
Car ils causerent assez bas ;
Mais dans tout ce qu'ils pûrent dire
Ie n'y voids point le mot pour rire.
Ils parloient de nous assieger,
Fi pour ceux qui veulent manger.
En quels termes, il ne m'importe,
Soit qu'vn d'eux parla de la sorte.
Il faut affamer ces ingrats,
Ces Baricadeurs scelerats ;
Foin de vous, repartit la Reine,
Où courrons-nous la pretantaine
Auec vn peigne en vn chausson?
Monsieur repeta la chanson,
Ce qu'on peut prendre est bon à rendre,
Et le succez a fait comprendre
Que tous trois conclurent sans moy
Qu'il failloit emmener le Roy.
Ce soir, Prince, tu fis ripaille

Chez vn fumeux pour la bataille
Qu'il perdit deuant Honnecour,
Grammont. le poly de la Cour.
Là changeant d'habit & de linge,
Comme l'on voit fauter vn finge
Pour la Reine ou le Cardinal,
Preſtò, vous voila ſus cheual,
Et tous deux qui ne voyant goutté
De S. Germain prenez la routte.
    Vnze heures de nuiſt enuiron,
Vray temps d'Amant, ou de larron,
Monſieur arriua chez Madame,
Et luy dit, Dormez-vous ma femme?
Ouy, reſpondit-elle, ie dors :
Prenez, luy dit il, voſtre corps,
Venez à S. Germain en Laye.
A S. Germain, luy dit-elle, aye,
Repettant trois fois S. Germain ;
Mon cœur, ie partiray demain.
A quoy Monſieur fit repartie,
A demain donc ſoit la partie ;
Et vint dans le Palais Royal

                        a iiij

Auec son confident loyal,
L'Abbé, digne de la Riuiere :
Palais où l'aube la premiere
Ne treuuant plus leurs Majestez,
Ains seulement des Chats restez,
Les vit prés S. Germain en Laye
Auec Messieurs la Meilleraye,
Le Cardinal, le Chancelier,
Dont le dernier ne peut nier
Qu'vn peu deuant l'Hostel de Luine
Le garantit à sa ruine.
Harcourt, Longue ville, Conty,
Et tout le reste estoit party ;
Vne nuict que l'excez de boire
Nous donna presque à tous la foire,
(Car pour en parler franchement
Tout eut depuis le déuoyement,)
Nuict des Roys, mais sans Roy passée,
Nuict fatale, qui commencée
Par l'abondance d'vn festin
Nous laissa la faim sur sa fin.
    Ces nouuelles ne furent sçeuës

Qu'apres les sept heures venuës ;
Mais sept heures ayant sonné
Tout Paris fut bien estonné.
La Bourgeoise estoit soucieuse,
La Boullangere estoit ioyeuse,
Tous les Artisans detestoient,
Les Escholiers se promettoient
D'auoir Campo durant le siege,
Et qu'on fermeroit leur Cellege :
Les Moines disoient Chapelets,
L'habitant courroit au Palais,
Le plus zellé courroit aux armes,
Le Maltoutier versoit des larmes :
Et tout regardoit à son pain
Le soupesant auec la main.
C'estoit de Ianuier le sixiesme,
Si ce n'est assez du quantiesme, 6. Ian.
C'estoit vn triste Mercredy
Que fut fait vn coup si hardy,
Et que du Parlement les membres
Dispersez par toutes les Chambres,
Dirent qu'il estoit à propos

D'en faire vn seul qui fust plus gros.
Où les Escheuins de la Ville
Eurent audience ciuille ;
Les Gens du Roy pareillement :
En suitte on fit vn reglement
Qu'on feroit garde à chaque porte
Nuict & iour de la mesme sorte.
A cela nul ne contredit.
Et de plus, il fut interdit
A tous de tout sexe & tout aage
D'emporter armes ny bagage :
Le reste de ce reglement
Est au Iournal du Parlement.

　Ce mesme iour vne Charette,
Où fut treuuée vne Cassette
Que reclama Monsieur Bonneau,
Tres-pleine d'argent bon & beau,
Parut au peuple trop chargée,
Dont elle fut fort soulagée.
Et l'on traicta pareillement
Quelque autre charitablement.
　Du depuis les belles Cohortes

De nos habitans fiers aux portes,
N'ont laissé passer vn festu
Sans luy demander, Où vas-tu?
Lors fut vne lettre restée
Au Preuost des Marchands portée,
Qui s'addressoit à tout son corps,
Lettre, où malgré de vains efforts,
On ne treuua raison aucune
Pour ce trou qu'on fit à la Lune.
Portant sur l'aduertissement
Qu'aucuns de nostre Parlement
Ont eu secrette intelligence
Auec les ennemis de France,
On a creu que sa Majesté
N'estoit pas trop en seureté,
Et que bien que cela desroge
De faire ainsi Iacques desloge,
Retraitte faite comme il faut
Valloit bien vn meschant assaut.
Le Ieudy la Cour toute entiere 7. Ian.
Resoudoit sur cette matiere,
Mais comme elle estoit au parquet

Il luy vint vn autre pacquet,
Dont elle ne fit point lecture,
Non pas seulement l'ouuerture,
Et dont Messieurs les Gens du Roy
Furent crus soubs leur bonne foy,
Disans, que par icelle lettre
On vouloit le Parlement mettre
Et transferer à Montargis :
Mais Messieurs qui de leurs logis
N'auoient point acheué le terme,
Dirent qu'il falloit tenir ferme,
Et qu'on iroit le Roy prier
De vouloir les noms enuoïer
De ceux dont la correspondance
Estoit dommageable à la France,
Affin que l'ombre d'vn gibet
Punist l'ombre de leur forfait.
Et lors les Gens du Roy partirent,
Et selon qu'il fut dit, ils firent,
Mais ils reuindrent non oüis
De S. Germain peu resioüis.
   Le Vendredy premier iour maigre, 8. Ian.

Messieurs sur le traittement aigre
Qu'on auroit fait aux Gens du Roy,
Ordonnerent suiuant la loy
Que la Reine auroit Remonstrance
Sur le plus fin papier de France.
Et parce que le Cardinal
Leurs sembloit l'autheur de ce mal,
Qui depuis par son ministere
Leur a bien preuué le contraire :
Ils iugerent mal à propos
Qu'il troubloit le commun repos,
Qu'il emplissoit sa tirelire,
Qu'il haïssoit nostre bon Sire :
Luy manderent que dans ce iour
Il se retirast de la Cour,
Et dans huict de France il fist gille,
Sinon enjoint à Bourg à Ville
De luy courir sus comme au loup
A qui chacun donne son coup,
Taloche ou panne gringuenaude,
Et de luy ietter de l'eau chaude,
Indulgence à qui l'occiroit.

Cependant que l'on armeroit
Pour la seureté des entrées,
Et pour l'escorte des denrées.
Ce mesme iour vinrent icy
Messieurs les Bouchers de Poissy,
Disant que par vne Ordonnance
Le Roy leur a donné vacance,
Et deffendu de trafiquer
Tant qu'il cessast de nous bloquer.
   Le Samedy neuf fut choisie 9. Ian.
De la plus leste Bourgeoisie,
Que l'on pensoit faire sortir,
Mais elle n'y pût consentir :
Neantmoins c'estoit la plus leste,
Iugez donc par elle du reste,
Et dés ce iour l'on connut bien
Que la meilleure n'en vaut rien.
Or ce iour de quelque village
Il vint du pain & du fromage ;
Mais que nous causa de tourmens
Et plus qu'aux plus parfaits amans
L'esloignement d'vne Maistresse,
                              L'ab-

L'absence des pains de Goneſſe ?
Que quinze cens Colintanpons
Aſſeurerent eſtre fort bons,
Comme des Gardes quelque bande
La pinte de S. Denis grande,
Gardes qui parurent tres-ffers
Aux pauures choux d'Auberuilliers.
   Ce meſme iour fut reſtablie
La taxe du temps de Corbie,
Auec ordre à chaque habitant
De payer vne fois autant.
Que pour iouyr des benefices
Attachez aux premiers Offices,
Les Conſeillers mal agreez,
En ſix cens trente-cinq creez,
Payeront trois cens mille liures,
Dont ils feront charger les liures.
   Ce iour il n entra pas vn bœuf,
Mais les vaillans Princes d Elbœuf,
Et notamment le Duc leur pere,
Fort touché de noſtre miſere,
Auec vn ioly complment

Se vint offrir au Parlement
Pour estre le Chef de l'armée,
Et sa Valleur fut estimée.
Cette nuict on fut adverty
Que le grand Prince de Conty
Auec le Duc de Longueuille
Estoient receus dans nostre Ville.
    Monsieur d'Elbœuf fit le serment
De General du Parlement
Dimanche du mois le dixiesme. 10. Ian.
Monsieur de Conty ce iour mesme
Vint asseurer toute la Cour
De son zele & de son amour,
Et Messieurs firent mine bonne
A cét appuy de la Couronne
Qui sembloit courbé soubs le faix.
On fit en suitte deux Arrests.
Le premier, que son Eminence
Obeïroit sans resistance
A l'Arrest que rendit la Cour
Contre elle le huictiesme iour.
Enjoint qu'on prenne prisonniere

Toute la nation guerriere
Autant que nous en trouuerons
A dix postes aux enuirons.
Ordre aux Villes, Bourgs & Villages,
D'en faire de cruels carnages ;
Deffence de luy rien fournir
Que de bons coups à l'aduenir.
Qu'en toutes les places frontieres
Les Garnisons seroient entieres,
Et de ceux qui contreuiendroient
La vie & les biens respondroient.
Par l'autre Arrest on donnoit ordre
Aux Escheuins de ne desmordre
Des nobles charges qu'ils auoient,
Et de faire comme ils deuoient.
Au Preuost des Marchands de mesme,
Et parce qu'il estoit fort blesme
Depuis que le peuple zelé
Auoit sur luy crié Tollé,
La Cour donna des sauuegardes
Pour sa personne & pour ses hardes.
Le Lundy (si ie n'ay menty) 11. Ian.

b ij

Monsieur le Prince de Conty
Fut receu Generalissime
D'vn consentement vnanime,
Ayant soubs luy trois Generaux,
Dont on feroit bien six Heros.
Sçauoir le Mareschal de la Mothe,
Dont la mine n'est point tant sotte,
Boüillon, & le grand Duc d'Elbœuf,
Qui dans la guerre n'est pas neuf :
Mais quand au Duc de Longue-ville,
Comme il est d'humeur fort ciuille,
Il refusa de prendre employ,
Et pour nous tesmoigner sa foy,
Laissa ses enfans pour ostages
Auec sa femme pour les gages.
Et c'est tout ce qui nous resta
De tout ce qu'il nous protesta.
   Dés lors Mars du party contraire
De celuy de son petit frere :
(Car si Mars estoit contre nous,
Prince, sans doute c'estoit vous.)
Commandoit les Trouppes Royalles,

Qui festerent les Bacchanales,
Et qui respandirent du vin
Iusques sur l'autel de Caluin.
A Charenton, disie, vos Trouppes
S'enyurerent comme des souppes,
A vostre barbe, à vostre nés,
Force pucelages glanés,
Ou quelques ieunes blanchisseuses
Se treuuerent assez heureuses.
Dans les enuirons, vos soldars
Firent de notables degats,
Des assaßinats, des pillages,
Des rauages, des brigandages.
Le Comte d'Harcour à S. Clou
En fit moins, & tousiours beaucoup.
Nous n'y pouuions donner remede.
    Lors vn President fut fait aide
De Monsieur des Landes Payen,
Qui n'a que le nom de Payen,
Homme vtile en paix côme en guerre,
Qui sçait iouer du Cimeterre,
Et s'escrimer dans vn combat,

Bon Conseiller, & bon Soldat ;
Il auoit depuis ces vacarmes
Sur les bras tout le fait des armes,
Quand Brouſſel auec Menardeau
Prirent la moitié du fardeau.
  Le Mardy le Conſeil de Ville   12. Ian.
Fit vn Reglement fort vtile,
Sçauoir que pour leuer ſoldats,
Tant de pied comme ſur dadas,
L'on taxeroit toutes les portes,
Petites, grandes, foibles, fortes.
Que la Cochere fourniroit
Tant que le blocus dureroit,
Vn bon cheual auec vn homme,
Ou qu'elle donneroit la ſomme
De quinze piſtolles de poids,
Payables la premiere fois :
Les petites, vn Mouſquetaire,
Ou trois piſtoles pour en faire :
Hommes chez le Marchand ſortans
Et tout fins neufs, & tout battans.
Ce iour en leuant ſa bequille

Le Gouuerneur de la Bastille,
Qu'on nõmoit Monsieur du Tremblay,
Luy qui iamais n'auoit tremblé,
Vieil Soldat & vieil Gentilhomme,
A Monsieur d'Elbœuf qui le somme
De luy remettre ce Chasteau,
Respondit tres-bien & tres beau
Qu'il ne luy plaisoit de le rendre,
Et qu'il pretendoit le deffendre.
Mais il ne fut pas si meschant
Que six canons dessus le champ
Ne nous ouurirent ceste place
Sans auoir touché la surface,
Ce n'est pas qu'ils ne fissent pouf,
Que la Garnison ne dist ouf,
Qu'elle ne parust sur la breche,
Qu'elle n'employast poudre & mesche,
Que maint coup ne fust entendu ;
Mais c'est qu'il estoit deffendu
Que dans ce beau siege de balle
Aucun costé chargeast à balle
Qu'il n'eust crié, Retirez-vous,

Autant pour eux comme pour nous,
Sur les mesmes peines qu'on donne
Au meurtrier d'vne personne,
Car quiconque eust fait autrement
Auroit peché mortellement
Tout autant qu'en vn homicide.
Vn homme moins vaillant qu' Alcide,
Mais certes plus homme d'honneur,
Broussel, en fut fait Gouuerneur,
Et son fils en ceste occurrence
Fut pourueu de la Lieutenance.

Le Mercredy mis sur pied fut 13. Ian.
Le premier Regiment qu'on eut :
Sur pied, non i'apperçoy que i'erre,
Les pieds n'en touchoiët point à terre,
Nos guerriers estoient sur cheuaux
Prests à fuyr deuant les Royaux.

Ce fut ceste mesme Iournée
Qu'vne petite haquenée   Arriuée du
Apporta de nostre costé   Duc de
Alexandre ressuscité,   Beaufort.
Ce grand Beaufort dont la presence

Nous rendit beaucoup d'asseurance,
Ce Heros, ce fils de Henry,
Ce braue, ce Prince aguerry,
Iusques chez Renard, redoutable,
Ennemy Iuré de la table,
Ce fameux fleau des Ierzais
Quand ils causent comme des iais,
Ce Mars qui bat, qui rompt qui frappe,
Et perce tout iusqu'à la nappe;
Ce Prince plus blond qu'vn bassin,
Et plus deuot qu'vn Capucin,
Qui mit en rut toutes nos femmes
Les honnestes & les infames;
Baisa tousiours & rebaisa,
Car iamais il ne refusa
Ny Harangere ny Marchande,
Ieune, vieille, laide, galande
Qui luy crioit à qui plus fort
Baisez my Monsieur de Biaufort,
L'vne tendoit vn vilain moufle,
L'autre rendoit vn villain souffle:
L'vne estalloit ses cheueux blancs,

L'autre ne montroit que trois dents
Dont l'ebenne estoit suffisante
Pour en faire plus de cinquante.
Il en baisa prés de trois cent,
Toutes d'vn baiser innocent,
Fors vne ieune femme grosse
Qui descendit de son Carrosse,
Disant, mon fruict seroit marqué;
Car dans le baiser applicqué
Au milieu de sa belle bouche,
Il eut vn desir de sa couche,
Et luy demanda rendez-vous
En la baisant deux autres coups;
Mais il fut depuis à confesse :
Enfin ayant baisé sans cesse
Aux lieux publics, dans les marchés,
Maints becs torchez & non torchés,
Il fut descendre chez sa mere
A l'Hostel de Monsieur son pere.
   Ce mesme iour quitta son lict
La Seine qui des siennes fit
Et se rendit tellement fiere

La belle dame la Riuiere
Qui s'estoit laissée engrosser
(Par qui ie vous donne à penser)
Ie ne sçay si la desbordée
En auoit receu quelque ondée
D'vn Galland appellé le Temps
Qui fit le mauuais fort long-temps:
Mais enfin il est veritable
Que pour sa grossesse effroyable
Deslors il luy conuint chercher
Vn autre lict pour accoucher.
Elle vsa force bois en couche
Comme ie l'ay sceu de la bouche
De ses marchands mal satis-faits
Qui n'en tirerent pas leurs frais.
Le pauure pont des Thuilleries
Pour en auoir fait railleries,
Fut par elle fort mal traitté:
Et quelque moulin mal monté
Est proche du pont Nostre-Dame
Le croc en iambe de la dame
Qui le fit aller à vau-l'eau:

Où firent auſsi leur tombeau
Vingt & cinq tant mulets que mules
Donc les recherches furent nulles ;
Et dix ſept mal-heureux mortels
Qui dans l'eau s'auoüerent tels.
Or ceſſa ſa rage & ſa haine
Et promit madame la Seine
D'eſtre plus chaſte vne autrefois,
Le dix huiētieſme de ce mois
Qu'elle parut fort aualiée
Et s'eſt du depuis eſcoullée.

  Le lendemain au Parlement 14. Ian.
Beaufort vint farre compliment,
Où haranguant ſans artifice
Il demanda tout haut iuſtice
D'vn crime noir & ſuppoſé
Dont ie ſuis dit il accuſé.

  Le iour d'apres il fut fait quitte 15 Ian.
De l'accuſation ſuſdite.
Lors le trauail recommença
Et le trafic que l'on laiſſa
Pour prendre la noble Cuiraſſe,

                              Eut

Eut son tour & reprit sa place :
Le mousquet au croc fut remis.
  Le Samedy les ennemis   16. Ian.
Surprirent par supercherie
Lagny, riche ville de Brie,
Car Persan leur chef arresta
Le Maire qui parlementa
Sur la parole de ce traistre,
Qui menaça de rauir l'estre
Au pauure Maire qu'il reteint,
N'estoit que le Bourgeois atteint
De compassion pour son Maire,
Embrassant vn mal necessaire
Pour sauuer ce vieillard grison,
Reçeut enfin la garnison.
  Ce iour mesme vn Abbé tres-digne
Issu d'vne famille insigne
Et nostre Archeuesque futur,
Dont le iugement est tres mur,
Et que ie treuue admirable
C'est qu'estant sçauant comme vn
    diable

C

De plus, comme quatre il se bat
Quand il croit que c'est pour l'Estat,
Eut & l'aura pourueu qu'il viue
En Cour voix deliberatiue :
Il sit depuis vn Regiment.

Le Dimanche le compliment   17. Ian.
Du Parlement de la Prouence
Qui demandoit nostre alliance,
Leu par Messieurs, leur plûst biẽ fort.

Le Lundy le Duc de Beaufort   18 Ian.
Fut fait Pair en pleine Audience
Où comme tel il prit seance :
En suitte leEture s'y fit
De la lettre qu'on escriuit
A tous les Parlemens de France,
Elle fut pliée en presence,
Et pour la cacheter apres
On fit venir chandelle exprés,
Ie pense des huiEt à la liure;
On mit dessus, port, vne liure,
Dans cette lettre l'on voyoit
Que le Conseil d'vn mal adroit

Auoit pensé perdre à la Halle
Toute l'authorité Royalle :
Qu'on taschoit mal-heureusement
D'aneantir le Parlement,
Ce que pour rendre plus facille,
On auoit bloqué nostre ville,
Que Paris embrcliquoqué
De se treuuer ainsi bloqué,
Auoit besoin de l'assistance
De tout le reste de la France,
Veu qu'il se confessoit troublé,
D'estre non pas comme en vn bled,
Mais sans bled pris & sans farine,
Fort proche d'auoir la famine ;
Et que s'il ne se repaissoit
Tout le Royaume perissoit.

   Le soir à cheual trouppes fortes
Sortirent par diuerses portes
Pour la seureté des Marchands
Qui portoient des viures des champs.

   Le Mardy du costé de Brie	19. Ian.
Sortit auec Caual_lerie

			C ij

Le genereux Prince d'Elbœuf,
Ce fut de Ianuier le dix neuf
Qu'ayant rencontré quelque bande
Des volleurs de nostre viande,
Notamment de cinq cens gorets,
Il prit en main leurs interests,
Et battant ces oyseaux de proye,
Gagna 'es gorets auec ioye
Que ces animaux par leurs cris
Firent connoistre à tout Paris.

    Le Mecredy le vingt, nous 20. Ian.
      sçeusmes
Par deux lettres que nous reçeusmes,
Que le vaillant Comte d'Harcourt
Deuant Roüen demeura court,
Bien qu'aux portes de cette ville
Il iurast comme tous les mille :
Cependant que ce Parlement
Ordonna d'vn consentement
Qu'on priroit la Reine Regente
D'estre si bonne & complaisante
De laisser Roüen tel qu'il est

Deffendre seul son interest ;
Et qu'ailleurs dresseroit sa marche
Harcourt, qui vint au Pont de l'Arche
Monté sur vn cheual roüen,
Sans auoir entré dans Roüen.

   Dés ce iour pour la Normandie,
Terre belliqueuse & hardie,
Le grand Longueuille quitta
Paris, qui fort le regretta.
La Cour fit deux Arrests en suite,
Dont l'vn porte que sur la fuite
De beaucoup de particuliers
Sous des habits de Cordeliers,
Et d'autres personnes sorties,
Que Scaron n'auroit trauesties,
On deffend à grands & petits
De prendre plus de faux habits,
Ny de changer leur Seigneurie,
Ne fust ce que par raillerie ;
Et parce que les partisans
Fuyoient en habits de paysans,
Les Ieans se faisant nommer Pierres,

Les Pierres, Pauls si qu'en ces guerres
Souuent nos portiers par ce dol
Prenoient S. Pierre pour S. Pol ;
Parce que sous vertes mandilles,
Et sous de traistresses guenilles,
Qui receloient maint quart d'escu,
Les Maltotiers monstroient le cu
Sans qu'on le sçeust, tant ces naquettes
Sur leur mesure sembloient faites,
Tant pour eux leur mine parloit ;
Et tant rien ne les deceloit,
Tant auoit de correspondance
Cét estat auec leur naissance.
La Cour dit qu'on traicteroit mal
Les masques de ce Carnaual
Portans momons hors de la ville :
Permis seulement à Virgille
De sortir ainsi trauesty.
Par l'autre Arrest fut consenty
Qu'on gardast la vieille Ordonnance
Pour les soldats ; auec deffence
Aux gens de guerre, de voler,

De brusler ou de violer;
Ains se contenter de l'estappe
Sans à leurs hostes donner tappe :
Et que les biens en patiroient
Des Chefs qui leurs commanderoient.

Ce iour les Trouppes Polonoises,
Qui ne cherchoient qu'à faire noises.
Au bourg de Sevre & de Meudon,
(Dieu vueille leur faire pardon,)
Commirent sans les violences
Plus d'vn demy cent d'insolences.
Dieu, qu'elles ont fait de cocus
Pendant ce malheureux blocus ?
Que cette race Polonoise
En mettant Vil-Iuif dans Ponthoise
Nous a laissé d'enfans metis,
Qu'il nous en reste de petits
Depuis que les grands sont en voye ?
Iamais le Grec ne fit dans Troye
Ce que dans Meudon elle a fait,
Où sans laisser vn seul buffet.
Elle rompit auecque rage

Les reliques de ce naufrage,
Entre autres plusieurs pleins tõneaux
Tant de vins vieils que de nouueaux,
Action qui fut si villaine
Que deux de leurs Chefs pour leur
        peine
Par les habitans de ce lieu
Furent enuoyez deuant Dieu,
Où ie croy qu'ils ne furent guere,
Car Noë se mit en colere
Sçachant qu'ils auoient mal traitté
Le ius d'vn fruict par luy planté
Qui le coucha pour recompense.
  Ieudy fut leuë à l'Audience 21. Ian.
La lettre que l'on escriuoit
Le plus humblement qu'on pouuoit
A la Mamman de nostre Sire,
Où vous pouuez encore lire
Les raisons que le Parlement
Alleguoit de son armement
Qui sont assez considerables.
  Vendredy contre les Notables, 22. Ian.

Et quelques Escheuins d'Amiens,
Arrest fut contre ces Chrestiens
Rendu sur la plainte ciuille
De l'habitant de cette ville
A la teste caude & hardy.
L'Arrest portoit. Du Vendredy
Le vingt & deux de cette année,
Que sur la Requeste donnée
Soubs l'aueu du grand Duc d'Elbœuf
Ce iour là vestu tout de neuf,
L'vn de nos Chefs, illustre Prince,
Gouuerneur de cette Prouince;
Que le Picard s'assembleroit,
Et d'autres Escheuins feroit.

Ce iour il arriua deux hommes
De la capitale des pommes,
Qui disoient que leur Parlement
Auoit enuoyé promptement
A leurs Maiestez tres-Chrestiennes
Porter ses tres-humbles antiennes.

Samedy le bruict a couru   23. Ian.
Que l'Archiduc auoit paru

Sur les asseurances receuës
De nos frontieres despourueuës,
Dont on tiroit les Garnisons
Pour faire au blocus des cloisons.
    Le Dimanche & le vingt &   24. Ian.
            quatre   Iournée
                                      de Iuui-
Sortirent tous prests à se battre sy
Force gens biens faits, gros & gras
Les cheueux frisez, le poil ras,
En souliers noirs, en bas de soye,
Tels que ceux qui vont tirer l'Oye.
Gageons Prince que tu m'attens
A nommer nos fiers habitans,
Qui contre la pluye & l'orage
N'auoient porté que leur courage,
Et dont ils auoient peu porté
Pour plus grande legereté.
Ouy, ie veux chanter la Iournée
La plus celebre de l'année
Depuis ditte de Iuuisy,
Alors que le Bourgeois choisy,
La pluspart la plume à l'oreille,

Iurant Dieu qu'il feroit merueille,
Et portant la fureur dans l'œil,
Marchoit pour aßieger Corbeil :
Si la maison du sieur Des-Roches
N'en euft empesché les approches.
Sotte & miserable maison,
Qu'on te maudit auec raison ?
Inuify malheureux village
Où manqua si peu de courage
Qu'ils en auoient apporté tous,
Sans toy Corbeil eftoit à nous.
Le Bourgeois alloit en furie,
Ioint qu'on auoit Caualerie,
Des fantaßins & du canon,
Et puis tu me diras que non ?
Ah, maison de Monsieur Des-Roches
Que tu nous couftes de reproches !
Pourtant la fortie eut effet,
Le pont de sainct Maur fut deffait,
Tandis que nos gens en desordre
Aßez bons chiens s'ils vouloient mor-
       dre,

Le lendemain sont reuenus
Ayant la plufpart les pieds nuds,
D'autres ayant perdu leurs armes,
Et tous pinté comme des Carmes;
Les vns admiroient le danger
Où l'on vouloit les engager;
Encor que de cette bataille
Se fentit la feule futaille
Qu'ils percerent de mille trous,
Et dont enfin à plufieurs coups
Ils burent dans cette defroute
Le fang iufqu'à la moindre goutte.
Enfin plus mouï llez qu'vn Canard
Les enfans criant au Renard,
Ils rentrerent dans noftre ville
En faifant vne longue file.
Tantoft formans vn entrechas,
Tantoft vomiffans fur leurs pas,
Dont le grand Beaufort dans fon ire
Ne pouuoit s'empefcher de rire.
  Le Lundy ne doit eftre obmis 25. Ian.
Qu'on fçeut qu'en Bretagne vn Cõmis

De

De Monsieur de la Meilleraye
N'auoit remporté qu'vne baye
Ayant demandé six milliers,
Tant Fantassins que Caualiers.
Que la Cour n'auoit fait response
Sur la demande de ce Nonce ;
Ains deffendu que chef aucun
Leue soldats ne fu-ce qu'vn
Pour monsieur de la Meilleraye
Contre qui saigne encor la playe
Et le trou qu'il fit au iabot
D'vn Crocheteur. Veut que Chabot
Qui soubs main leuoit gens de guerre
Ait à denicher de la terre,
Et cependant qu'aux droits Royaux
Soit rejoinct le droit des billots.

Le Mardy le sieur la Railliere 26. Ian.
Fut pris en noüant sa iartiere
Et mené comme vn espion
L'on ne çonnoist que trop son nom.
Il est Monopoleur en diable,
Autheur de la taxe effroyable

Par qui tant de gens sont lesez,
Dessous le faux tiltre d'aisez.
Il fut coffré dans la Bastille
Et fit penitence à la Grille
   Le Mercredy l'on eut aduis   27 Ian.
Que Messieurs de Lyon rauis
Faisans des accueils fauorables
A tous nos arrests equitables ;
Retinrent les gens que pour vous
Amenoit vn Duc contre nous
Le grand Schomberg qui prit Tortose
Et qui pourroit faire autre chose
Que de seruir la passion
D'vn prodige d'ambition :
   Ce iour nous eusmes asseurance
Qu'vn mouchard de son Eminence
Vint les Chartrains questionner
S'ils se vouloient Mazariner :
Que Chartres entrant en fredaines
Respondit vos fiéures quartaines
Allez chien d'espion au grat ;
Iugez s'il retourna bien fait

La Ville en estat s'estant mise
De se garantir de surprise.
   Deslors vn Regiment botté
Qui n'en estoit pas moins crotté
Sortit du costé de la Brie,
D'où vint à nostre Boucherie
Le lendemain mouton & bœuf,
Que ce beau Regiment d'Elbœuf,
Ensemble des bleds & farines
Amena des villes voisines,
En aussi grande quantité
Qu'à Paris ils en ait esté.
   Ce mesme iour chemin facile
Fut faict des Fauxbourgs à la Ville,
Comme de la Ville aux Fauxbourgs.
Les iours estoient encor tres courts
Mais cela ne fit point d'obstacle
Qu'vn second fils second miracle
Né le iour precedent du suc
De monsieur son pere le Duc
De la Duché de Longueville,
Né dis-ie dans l'Hostel de Ville

Ne fut à sainct Iean Baptisé
Autrement Christianisé,
Ayant la Ville pour Maraine,
Madame de Bouillon Paraine.
Car ie n'ose dire Parain,
Puis que c'est vn mot masculin :
Et que ce fut Dame la Ville
Qui tint le ieune Longueville,
Et qui le nomma Carolus,
De Paris, & s'il en faut plus,
D'Orleans, s'il en faut encore,
Le Comte de S. Pol que i'honore :
Pour la Ville estant le Feron.

　　La nuict deuant qu'il eust son nom
Les Cheuaux-legers de Corinthe,
Gens à l'espreuue de la crainte,
Sur le chemin de Longiumeau
Rencontrerent soubs vn ormeau
Cent deux hommes d'Infanterie,
Et deux cens de Caualerie,
Hommes qui n'estoient pas pour nous,
Sur lesquels & boutte à grands coups

Donna nostre petite Trouppe,
Qui pousse, qui bat & qui couppe;
Qu'on pousse, qu'on couppe, qu'on bat,
Qui rend, & qui reçoit combat,
Et fait ioliment sa retraite,
La partie estant trop mal faite,
Seuigny, commandant pour nous.

Le Ieudy nous apprismes tous　28. Ian.
Que dans la terre Prouençale
La procession generale
Que le peuple d'Aix bon Chrestien
Fit le iour de sainct Sebastien,
Fut interrompuë en sa file
Par des soldats entrez en ville
Sous l'ordre du Comte d'Alets,
Gouuerneur de la ville d'Aix.
Surquoy la populace fiere
Auec la croix & la banniere,
Le benestier & l'asperges,
Bastit ces gens, & prind'Alets.

Nous sceumes aussi qu'à Marseille
L'on auoit ioüé la pareille

Au ieune Duc de Richelieu,
Arresté par ceux de ce lieu.
Qui mesme auoient fait prisonnieres
Plus des trois quarts de ses galleres.
Le Samedy trentiesme iour   30. Ian.
De l'Ordonnance de la Cour
Les Conseillers Doux & Viole,
Dont la vertu tient comme colle,
Prirent la poste en maniment ;
La Cour leurs fit commandement
Que passeports ils deliurassent
De toute sorte, & les signassent
Tous deux, ou l'vn l'autre absent, &
(En Latin) le Greffier Guyet.

    Ce iour les Trouppes d'Alexandre
Venant à Bri pour le surprendre,
I'entens vos Trouppes, grand Condé,
Il nous fut à Paris mandé.
Surquoy nostre Cauallerie
Prenant la routte de la Brie
Les ennemis fuirent tout net,
Et pas vn d'eux ne remanet ;

Mais bien vne quantité grande
De bleds & de viue viande,
C'est a dire, de bestial,
Qui pour renfort du Carnaual
Fut a Paris fort bien receuë,
Et dont la Ville fut pourueuë.
　Lors on tira des Fuseliers
Des Colonelles des quartiers,
Et de la noble bourgeoisie,
Il alla quelque compagnie
Pour faire garde à Charenton
Tandis qu'on menoit, ce dit-on,
La Garnison faire ses orges
Deuers Ville-neufue S. Georges,
Et d'autre à Bricanterobert,
Qu'on craignoit qui fut pris sans vert.
　Le Dimanche Monsieur　31. Ian.
　　　Tancrede
Fut blessé d'vn coup sans remede,
Blessé disie d'vn coup mortel,
L'issu d costé paternel
Du feu Duc de Rohan son pere,

Si l'on en croit sa chaste mere :
Au reste vn enfant tres bien né
Aussi vaillant qu'infortuné.
Il donnoit beaucoup d'esperance,
Mais le mauuais destin de France
Prit mal à propos le toupet
Contre vn ieune homme si bien fait
Qui portoit toupet sur sa teste,　(Madame
Comme l'on voit dans sa　de Rohan
　　　Requeste.　en la Re-
　　　　　　　queste qu'-
Voyons donc comme il a pery :　elle pre-
Il reuenoit auec Vitry,　senta dit
　　　　　　　que Tan-
Noirmontier , & d'autre　crede estoit
　　　Noblesse,　reconnu
　　　　　　　par le tou-
Quand pour sa premiere　pet qu'il
　　　prouesse,　auoit.)
Et pour acheuer son Romant,
Il rencontra quelque Allemand
De la garnison de Vincenne
Qu'il suiuit à perte d'haleine,
Mais il s'engagea trop auant,
Les ennemis estoient deuant

Qui sans considerer son âge
Le traitterent auecque rage,
Parce qu'il auoit presque occis
De leurs Caualliers cinq ou six:
Ils le chargerent, le blesserent,
Et dans Vincennes le traisnerent
Où le lendemain son deceds
Finit sa vie & son procez.
Lors on eut aduis veritable
Qu'à S. Germain (chose effroyable !)
Monseigneur, vous auiez nuds mis
Tous les gens que vous auiez pris,
Et que sans balle & sans raquette
Ils estoient en grande disette
Enfermez au tripot du l eu,
N'ayant reconfort que de Dieu.

   Le Lundy premiere iournée   1. Feb.
Du second mois de cette année,
Vous fistes le determiné,
Dont il prit mal à Fontenay,
A Sceaux, Palaiseau belle terre,
Où vos barbares gens de guerre

Firent ez maisons à clochers
Pis que n'auroient fait des Archers,
Ou les volleurs de S. Sulpice :
Car ils prirent iusqu'au Calice,
Pisserent dans le benestier,
Assommerent vn Marguillier,
Des surplis firent chemisettes,
Et beurent le vin des burettes :
Prirent le liure d'Oremus
Qu'ils ne respecterent pas plus.
    Le Mardy n'est pas remarquable. 2. Feb.
    Ieudy quatre. Sortant de table 4. Feb.
Où l'on seruit force rosty,
Monsieur le Prince de Conty,
Suiuy d'vne grande cohuë
Fit faire à ses Gardes reueuë,
Où se treuua Monsieur d'Elbœuf,
Qui n'auoit pris qu'vn iaune d'œuf,
Tant son ardeur infatigable
Le laissoit peu dormir à table.

    Iour que pour nous faire du mal
Scachant que force bestial

Nous venoit du costé de Brie,
Bled, farine, autre drollerie,
Qui sauuoit Paris de la faim,
Et qui rompoit vostre dessein,
Vous pensastes mourir de rage,
Et pour nous boucher ce passage,
Ayant en vain attaqué Bry,
Qui n'estoit vostre fauory
Depuis qu'à vos belles cohortes
Il auoit refusé les portes,
Vous tournastes vers Lesigny,
Chasteau iadis à Conchiny,
Où de la canaille rustique
Ce iour à vos gens fit la nique,
Et quelques soldats au milieu
Venus de Bri voisin du lieu,
Respondirent auec rudesse
Ie sons vallets de son Altesse,
Ce sera pour vne autre fois,
Ce fut le cinquiesme du mois.　　s. Feb.
　Que quelques trouppes ennemies
Pour poursuiure leurs volleries.

Et le degast du plat pais,
Prirent leur vol de S. Denis.
Helas ! que tu dus estre en trance,
Pauure Mesnil Madame Rance,
Ce iour c'estoit à toy le dés,
Tes murs n'estoient pas bien gardés :
Ils mirent au fil de leurs lames
Enfans, vieillards, hômes & femmes,
Et firent acte de larrons
Par tous les bourgs aux enuirons.
  C'est ce iour, si ie ne me blouze,
Que l'Archeuesque de Thoulouze
Reuint icy de sainct Germain :
Mais non , ce fut le lendemain,
Nenny, ce fut ce iour-là mesme
Qu'estant allé dés le troisiesme
Y faire predication
De nostre bonne intention,
En guise d'vne remonstrance,
Il ne put auoir audience,
Et sans qu'on l'ouyst, il auint
Que le zelé Prelat reuint,

Ce iour merite quelque notte,
Puisque le Mareschal la Moitte,
Et le vaillant Duc de Beaufort,
Qu'on appelloit frappe d'abort,
Sortis auec Cauallerie
Pour purger les chemins de Brie
Des picoreurs de sainct Denis,
Virent prés les bois de Bondis
Vne forte trouppe & tres-grande
De Cauallerie Allemande.
Demander si nos Generaux
Furent aussi tost à leur dos,
C'est peché mortel que ce doutte,
L'Allemand fut mis en defroutte,
Apres s'estre bien deffendu:
Iusques-là mesmes qu'un pendu
Le Capitaine de la trouppe
(Quand i'y songe ma voix s'estouppe)
Vint tirer à brusle pourpoint
Nostre Duc qui ne bransla point,
Mais d'vn reuers de Cimeterre
Renuersa ce Reistre par terre:

Les uns disent de pistolet,
Enfin le coup ne fut pas laid,
Le Drosle en est au Cimetiere,
Et mord fierement la poußiere.
   Le sept. Par vous braue Condé, 7 Feb.
Le Duc d'Orleans secondé, Siege de
                            Charenton.
Ayant tiré des voisinages,
Des Villes, Bourgs, Chasteaux,
        Villages,
Autant de Trouppes qu'il en pût,
Sans que Paris debloqué fut,
Il fit bien de Cauallerie
Trois mille, & cinq d'Infanterie
Qui filerent toute la nuict
Vers Charenton à petit bruict.
   Lundy huict. L'Aurore éueillée 8. Feb.
Vous treuua dans vne vallée,
Que nous appellons tous Fescamp,
Où le volleur est tres-frequent
Durant tous les mois de l'année,
Mais où deuant cette Iournée
Iamais tant il ne s'en compta.

Que dans ce iour elle en porta.
Là voſtre Gros prit ſa ſeance
Et ſe ſaiſit de l'eminence,
Tandis que quelque Regiment
Détaché par commandement
Alla pour donner l'eſcalade
A la malheureuſe Bourgade,
A tant qu'aucun fut aſſommé
Clanleu par vos gens fut ſommé
De leur remettre cette place,
Qui ne leur fit pas cette grace,
Et ſur l'heure les aſſiegeans
De cette brauade enrageans
Occuperent les auenuës
Que nos canons rendirent nuës.
Sans mentir le coup le premier
Les fiſt plus nettes qu'vn denier;
Le ſecond rompit quatre cuiſſes,
Le troiſieſme tua deux Suiſſes.
Nauarre braue Regiment
Laſcha le pied vilainement:
Vingts de ſes Officiers à terre

e ij

Maudirent mille fois la guerre
Qui les enuoyoit chez Pluton
Deuant vn chetif Charenton.
Voſtre Alteſſe ayant ſçeu l'eſcarre
Qui s'eſtoit faite de Nauarre,
Penſa creuer dans ſon pourpoint,
Pourtant elle ne creua point,
Sur l'eſperance de combattre
Le badaut qu'on tenoit à quatre,
Qui comme vn Diable iuroit Dieu
Qu'il vouloit ſecourir ce lieu.
Il diſoit d'elle peſte & rage
Cependant qu'auec aduantage
Elle attendoit ceux de Paris
Comme le Chat fait la Souris:
Se fiant ſur ſon Eminence
Elle auoit grande impatience
De taſter le poux au Bourgeois
Qui ne ſortit point cette fois.
Il eſt prudent & craint la touche,
Ioint qu'il n'aime point la cartouche,
Et qu'elle en auoit fait charger:

Paris n'en vouloit point ronger,
Et certes auecques prudence,
(Puis qu'on dit que cette eminence
Se pouuoit aussi peu forcer
Que l'autre se pouuoit chasser.)
Vostre Altesse faisant fanfare,
Commit pour soustenir Nauarre
Chastillon auec du renfort,
Ou plustost pour chercher la mort.
Car, helas! au bas de son ventre
Vne balle de mousquet entre,
Sans respecter ce Duc nouueau,
Ieune, vaillant, adroit & beau.
Tost apres vos trouppes filerent
Par des iardins qu'elles forcerent,
Si qu'il conuint à nos soudarts,
Enuironnez de toutes parts
De faire vne retraitte honneste,
Ce ne fut pas sans casser teste,
Et percer maints & maints boyaux
De maints & maints, & maints
       Royaux,

Clanleu deuant qu'il deuint ombre
En tua de sa main grand nombre,
Tant que lardé de plusieurs coups
Ce braue prit congé de nous,
Et finit vaillamment sa vie
Par vne mort digne d'enuie,
Ayant deuant mis par quartier
Vn qui luy presentoit quartier.
Charenton se rendit en suitte,
La Garnison se mit en fuitte,
Qu'on taschoit de secourir, quand
Il fallut passer par Fescamp,
Ce qui n'estoit pas fort facille
A nos petits Messieurs de Ville.
Le iour que fut pris Charenton
Resuant en soy-mesme Gaston
Sur l'importance de la perte
Qu'à sa prise il auoit soufferte,
Sur sa conqueste il raisonna,
Et par conseil l'abandonna,
Comme pour son trop d'estenduë
Ne pouuant estre deffenduë.

Il sort, & seulement il rompt
Le passage qui meine au pont.
Ce fait. Vos Trouppes defilées
Vers Nogent prirent leurs volées,
Nogent sur Marne que vos gens
Plus impiteux que des Sergens
Surprirent, pillerent, bruslerent,
Et puis apres se retirerent.

   Le Mercredy nostre support 10.Feb.
Sortit de grand matin Beaufort:
Il auoit la puce à l'oreille,
Aussi ce iour fit-il merueille,
Car dés qu'à Charenton il fut,
L'ennemy soudain disparut,
Et luy presentant le derriere
Se retira sur la riuiere
Dans des Moulins proche du pont,
Où nostre Prince actif & prompt
Ayant mandé l'artillerie
Pour battre cette Infanterie,
Au nombre de deux à trois cens,
Receut vn aduis plus pressant

Qui le fit denicher bien viste,
Car il sçeut qu'auoit pris son giste
A Linas le fameux conuoy
Qu'Estampe enuoyoit par charroy.
Noirmõstier luy prestoit main forte, Arriuée du conuoy d'Estampes.
Mais pour vne plus seure escorte
La Mothe Houdancourt & Beaufort,
C'estoit à qui courroit plus fort,
Estoient desia dessus la voye
Quand vn aduis on leur enuoye
Que le Mareschal de Grammont
S'auançoit en pas de Gascon
Pour les couper sur leurs passages;
Nos Generaux prudens & sages
Vinrent en ordre martial
Receuoir ce grand Mareschal
Qui monstra brauement la crouppe
(Dit la chanson) auec sa trouppe,
Bien qu'elle fust de cinq milliers,
Tant fantassins que caualliers:

Laissans tesmoins de sa disgrace
Plusieurs Officiers sur la place,
Entre lesquels il dit Adieu
Au braue Colonel Noirlieu
Qui sçauant au fait de la guerre,
N'en fut pas moins porté par terre,
Quoy qu'armé comme vn Iaquemart,
Et malgré les ruses de l'art
S'abbattit en faisant vne esse
Dessous Beaufort, de qui l'adresse
Luy porta l'espée au gosier,
Coup qui l'empescha de crier
Contre nostre guerre ciuille,
Et d'embrasser cét autre Achille,
Ce Beaufort dont l'illustre bras
Combloit de gloire son trespas :
Beaufort, dis je, qui teste nuë,
Sans armes que celle qui tuë,
N'ayant qu'vn bufle sur le corps
Affronta ce iour mille morts,
Les poussa, leurs dit pis que pendre
Sans qu'elles osassent le prendre.

Ce fut lors que nostre Bourgeois
Fut aux champs la seconde fois
Sur le bruit de cette rencontre:
Chacun d'eux fort zelé se montre,
Ils vont, ils vollent au secours,
Et l'on n'entend dans leurs discours
Que viue Beaufort & la Mothe:
Il n'en est pas vn qui ne trotte,
Et se treuuent ainsi trottans
Plus de trente mille habitans,
Dont l'ardeur fut bien rengainée
Treuuant la bataille gagnée,
Et la victoire qui rioit
De nos Bourgeois qu'elle voyoit
Pester, & se gratter la teste
De n'auoir esté de la feste,
Iurants pour faire les meschants
Contre le Preuost des Marchands.
Soit que Madame la Victoire
Eust rappellé dans sa memoire
Iuuisy que ces bons soldats
Ont promis de ne passer pas,

Et dont ils estoient sur la routte.
Bref ils reuindrent sans voir goutte
Confondus auec les pourceaux,
Les moutons, les bœufs & les veaux,
Il faisoit beau voir en bataille
Cinq cens gorets de belle taille,
Leur bataillon sage & discret
Laissoit vn estron à regret,
Mais pour mieux obseruer son ordre,
Chacun d'eux passoit sans le mordre.
En suitte on voyoit les moutons
Qui faisoient mille plaisans bonds,
Et s'auançoient en crians baye,
Que receut S. Germain en Laye,
Nos Chefs entrerent les premiers
Auecques force prisonniers.

    Le Ieudy fut pris la Vallette, 11. Feb.
Fruict de l'Espernone brayette,
Mais de ces fruicts qui sont bastards,
Il fut pris semant des placards,
Placards qu'il croyoit pour recolte
Deuoir produire vne reuolte,

Et qui n'eurent aucun effet,
Si ce n'est que par eux fut fait
A cét homme pourpoint de pierre
Qu'il eut le reste de la guerre.

Ce iour certains du Parlement
Parlerent d'accommodement,
Mais soit qu'ils n'eußēt pas puissance,
Soit pour la raison de l'absence
De nos Chefs, la Cour fut d'auis
Qu'au lendemain tout fust remis.

Le Vendredy le Heraut d'Armes 2. Feb.
Me fit rire iusques aux
larmes,
Refus du He-
raut d'Armes
que la Reine
enuoya.
Lors que ie le consideré
Vers la porte Sainct Honoré,
Au matin, qui faisoit maint cerne,
Comme pour innoquer l'Auerne :
Ie le vis qui faisoit trois tours,
A peu prés comme font ces Ours
Qu'on fait monter à la ieunesse,
Et qu'vn batteleur meine en lesse.
Apres auoir pyroüetté

Il demanda d'estre escoutté.
Mais Messieurs sans faire responce
Laisserent ce bizearre Nonce,
Ordonnans qu'il falloit mander
Nos Generaux pour proceder,
Et que par vne tolerance
La Mothe auroit aussi seance.
Nos Generaux estans venus,
Il fut dit qu'on feroit refus
D'introduire cette toupie,
Qui ne manquoit pas de roupie,
Et que Messieurs les Gens du Roy
Iroient luy citter vne loy
Qui deffendoit d'ouurir la porte
A pas vn homme de sa sorte.
Veu qu'ils n'estoient point ennemis,
Ny souuerains, mais tres-soubsmis
Aux volontez de leur Monarque.
(Responce digne de remarque,
Et qui dût rendre bien camus
Le Heraut qui ne tournoit plus.)
Les mesmes iroient vers la Reine

Dire que ce n'est pas par haine
Qu'on a fait geler son Heraut,
Que Messieurs ont fait comme il faut,
Que c'est marque de leur science,
Et non de desobeïssance.
Selon qu'il fut dit, il fut fait,
Et le Heraut mal satisfait
Mit son cheual à l'escurie
Dans la prochaine hostellerie.
Mais pour aller à Sainct Germain
Monsieur Talon baisa la main:
Il repassoit en sa memoire
Qu'il n'eut pas seulement à boire
La premiere fois qu'il y fut;
Ce qui fit qu'il se resolut
D'escrire pour son asseurance.
Cependant le Herant de France
Qui fit vn mediocre escot
Mais qui dormit comme vn sabot,
Ayant encor tourné de mesme
Partit le Samedy treiziesme   13. Feb.
Et deuant plier son paquet

Laissa sur la barre vn pacquet,
Qui demeura cette semaine
Entre les mains du Capitaine.

Ce mesme iour le fils puisné
D'vn Potentat infortuné
Fut receu dedans nostre Ville,
Où sa mere auoit pris asyle,
Contre la fureur de l'Anglois,
Infame bourreau de ses Rois.
   Le quatorziesme, & le Di- 14. Feb.
manche
Par vn Prelat à barbe blanche
Fut sacré Monsieur de Bayeux.
Tandis qu'vn Edict rigoureux
Qui fut fait en l'Hostel de Ville,
Ordonna (chose tres-vtile)
Aux Chefs & Maistres des maisons,
Nonobstant toutes leurs raisons,
De porter eux-mesmes en garde
Picque, mousquet, ou hallebarde,
Et d'estre chez leurs Officiers
Aux mandemens particuliers:

ƒ ÿ

De venir quand on les appelle
En faction ou sentinelle,
Selon l'ordre du Caporal,
Qui bien souuent est vn brutal,
Tousiours ignorant, par fois yure;
Mais bien qu'il ne sçache pas viure,
Fist-il en commandant vn rot,
Il faut suiure sans dire mot,
Et là prendre mainte roupie
Si le Caporal vous oublie,
S'il cause, s'il dort, ou s'il boit,
Sans oser sortir de l'endroit
Où pour sentinelle il vous pose,
Tant qu'il boit, qu'il dort, ou qu'il
    cause.

Or le Lundy quinziesme iour, 15. Feb.
Le vaillant la Mothe-Houdancour
Au Parlement prit sa seance,
Et depuis en toute occurrence
Fut Conseiller ad honores.

On eut aduis le iour d'apres 16. Feb.
Que de Soissons l'Escheuinage

Party pour vn pelerinage
Qu'il alloit faire à Sainct Germain,
Le Lieutenant homme de main
S'estant mis tres-fort en colere,
Auoit fait faire vn autre Maire,
Et creé noueaux Escheuins,
Que ces premiers furent Ianins
Lors que la gueulle enfarinée
Par vne belle apresdinée
Estans à Soissons retournez,
On leur ferma la porte au nez :
Quelqu'vn d'entr'eux prit la parole,
Mais zeste comme il a pris Dole :
Les portiers sont sourds à sa voix,
Et par tout visage de bois.
　Ce fut cette mesme iournée
Qu'à sept heures la matinée,
Messieurs n'estans point assemblez,
Il vint de Chartres force bleds,
Que fit apporter la Boullaye,
Que quelques vendeuses de raye
Qui l'allerent remercier,

Nommoient leur pere nourricier :
De fait, ce Controlleur des Halles,
Esquiuant les trouppes Royalles,
Alloit à la prouision
Plus souuent qu'à l'occasion.

Les Gens du Roy le dix-   17. Feb.
        septiesme,
Sous vn passeport du seiziesme
S'estoient desia mis en chemin,
Et s'en alloient à Sainct Germain
Dire à la Reine en bonne amie
Que par mespris ce ne fut mie
Que son Heraut ne fut admis,
Et qu'il falloit bien qu'elle eust pris
Messieurs pour des niais de Sologne :
Quand deuers le bois de Boulogne
Nos gens virent venir d'amont
Le courtois Mareschal Grammont,
Qui leur venoit offrir main forte,
Et qui leur fit tousiours escorte.

Ieudy le Gouuerneur de Bry, 18 Feb.
Qui depuis le fut de Sainct Pry,

connu sous le nom de Bourgogne,
Sur le Regiment de Bourgogne
Sortit auec quelques cheuaux,
Et fut vainqueur en peu de mots:
Car si de toutes vos deffaittes
Vous me demandiez des Gazettes,
Il faudroit estre Renaudot,
Qui les donne à son fils en dot,
Auoir les mesmes auantages,
Ses lieux communs, & tous ses gages.
   Ce iour mesme il nous fut mandé
Que le beau-frere de Condé,
Longueville l'inesbranslable
Refusoit d'estre Connestable.
Que cela fust en son pouuoir,
Ie ne sçay. Mais il dût sçauoir
Que tel qui refuse, apres muse
Si le prouerbe ne s'abuse.
   Ce iour au Parlement on lut
La lettre qui surprise fut,
Et que par quelque manigance
Escriuoit à son Eminence

Le grand homme Monsieur Cohon,
Dont si vous abbregez le nom
Il reste vn mot plein d'infamie,
Qui fait tort à sa saincte vie.
Il fut dit qu'on l'obserueroit,
Et Gardes on luy donneroit,
Comme à Monsieur l'Euesque d'Aire,
Qu'on croyoit estre du mistere :
Qu'en outre on prendroit au collet
Vn Conseiller du Chastelet
Laune, qui gagnant la guerite
N'attendit pas cette visite.
  Ce iour l'Archeuesque regla, Exéption
Et par son reglement sangla du Caresme.
Messieurs de ieusne & de Caresme,
Qui s'en venoient à face blesme
Victorieux du Carnaual
Seconder le party Royal
En nous ostant la bonne chere :
Mais la farine estoit trop chere,
Ce qui fit que nostre Pasteur
Vsant enuers nous de douceur,

Par vne forme d'indulgence,
Et sans tirer à consequence
Nous accorda de manger œuf,
Mouton, goret, volaille & bœuf,
Fromage, veaux, agneaux, esclanche,
Lundy, Mardy, Ieudy, Dimanche;
Et du poisson les Mercredis,
Les Vendredis & Samedis,
Et toute la saincte sepmaine,
Temps qu'il laissa sous le domaine
D'vn Caresme tres-rigoureux
Qui fut tout le reste aux Chartreux,
Ou qui du moins y deuoit estre,
Mais il se vint camper le traistre
Chez quelques pauures habitans
Qui, disent-ils, deuant ce temps
Iamais si long ne le trouuerent,
Et dés les Roys le commencerent :
Si bien qu'en mangeant son harang
Par vn effet bien different,
Sans iours gras le gueux fit Caresme,
Le riche n'en fit pas de mesme.

Car ayant toufiours force plats
Sans Carefme il fit les iours gras.
  Le Vendredy dans l'Affemblée, 19. Feb.
Les Gens du Roy vinrent d'emblée,
Ils retournoient de Sainct Germain;
Lors ils dirent l'accueil humain
Qu'ils auoient receu de la Reine,
Qui fans leur tefmoigner de haine
Leur auoit fait ciuilité,
Et promis vne infinité
De faueurs & de bien veillance
Dès que par leur obeiffance
Meffieurs du Palais prouueroient
Les refpects dont ils l'affeuroient;
Et que s'ils tenoient leur promeffe
Ils auroient du pain de Goneffe.
  Cependant l'Agent arriua   Arriuée
Que l'Archiduc nous enuoya,   de l'A-
Et dont difoit la harangere   gent de
Il porte la paix, ma commere.   l'Archi-
Il venoit faire compliment   duc.
A noftre Augufte Parlement

Et ce fut ce iour que le drolle
Nous fit voir sa trogne Espagnolle,
Iour, que recru de son trauail
Il ne prit qu'vne gousse d'ail,
Tant il auoit d'impatience
D'estre bien tost a l'audience,
Où la main dessus le rognon
Il laissa tomber vn ognon
Comme il tiroit de sa pochette
Vne missiue assez bien faitte,
Qu'auoit escritte l'Archiduc,
Dont ie vous donne tout le suc.
Du dix Feurier à Bruxelle
Ie l'Archiduc vous escrits celle
Que vous rend le present porteur,
Ie suis le garand & l'autheur
De tout ce que dira cét homme.
De ce qu'il dit voicy la somme.
L'Archiduc parle par ma voix,
Il m'enuoye offrir aux François
Vne paix qu'ils ont souhaittée,
Et qu'on a tousiours rejettée.

Lors il se mit à dire mal
Contre Monsieur le Cardinal
En accusant son ministere.
Et dés qu'il luy plût de se taire,
La Cour dit qu'il mettroit au net
Ce qu'il a dit : ce qu'il a fait.
Et cependant dans la sepmaine
Qu'on deputeroit vers la Reine
Pour l'instruire de tout cela,
Et prier par ce moyen là
De ne faire pas la Normande,
Ains comme la Cour luy demande,
Et qu'à Messieurs les Gens du Roy
Elle donna Ieudy sa foy,
Prendre des sentimens de mere
Pour vn peuple qui la reuere,
Et finir vn triste blocus
Qui ne fait rien que des cocus.
   Le Samedy, cent trois charettes 20. Feb.
De bleds, & de farines faittes,
Renforcerent nos magazins,
Malgré Messieurs les Mazarins.

Ce

Ce conuoy nous vint de la Brie
Au nez d'vne trouppe ennemie,
Et fut conduit par Noirmontier,
Homme sçauant dans le mestier,
Et qui dans cette coniuncture
Garantit fort bien sa voiture
Des mains du Comte de Grançay
Où le combat fut balancé,
Mais nous eusmes victoire entiere,
Peu de nos gens au Cimetierre
Encor que le choc fut tres chaud,
Monsieur de la Roche-Foucaud
Et Monsieur de Duras le ieune
Blessez par mauuaise fortune.
   Ce mesme iour les Ennemis
Traisnerent canons plus de six
Dont ils firent battre en ruine
Le Chasteau de Monsieur de Luyne
Lesigny qui le lendemain   21. Feb.
Fut pris & tout son S. Crespin.
   Le Lundy la Trouppe Royalle 22. Feb.
Fit Gribouillette generalle

g

Aux enuirons de Monthlery :
J'en suis encor tout abury.
Piller, brusler autour de Chastre,
Battre son Hoste comme plastre
Ce sont ses pechez veniels ;
Quels seront ses pechez mortels?
Enfin ayant sceu que les nostres
Qui viuoient comme des Apostres,
Venoient auec elle compter,
Elle voullut bien se haster :
Et la crainte de rendre compte
Luy fit faire retraitte prompte.
　　Ce mesme iour les Deputez
Du Parlement s'estans bottez
Allerent par mer & par terre
Chercher la Reine d'Angleterre,
Pour mesler ensemble leurs pleurs
Et pour compatir aux douleurs
De cette Princesse affligée
Que les Anglois ont outragée
Decollant le Roy son espoux.
Bons Dieux, ces peuples sont ils fous

Ensorcelez, melancoliques,
Ypocondres ou frenetiques?
Ont ils le diable dans les reims
D'occire ainsi leurs Souuerains,
Comme ils viennent de faire à Londre?
L'enfer les puisse il confondre.
Mais consolez vous grand Roy mort
Et prenez quelque reconfort
Vostre Maiesté n'est pas seulle.
La Reyne Stuart vostre ayeulle
Eut aussi le sifflet couppé:
L'on dit que sans auoir souppé
Ce peuple en qui malice abonde
L'enuoya dormir hors du monde:
Elle est encor à s'esueiller:
Pour vous qu'il a fait sommeiller
Noble Prince, illustre victime
De Subjets enhardis au crime,
Et qu'on a veu iouer deux fois
A couppe teste auec leurs Roys;
Daignez nous dire la lignée
Qu'à vostre femme si bien née

g ij

Et fille de Henry le Grand
Vous laissates lors quand & quand.
N'est-ce pas six dont la plus grande
Se tient à la Haye en Hollande,
Le Prince de Galles Laisné
Qui dans l'Escosse est couronné,
Le Duc d'Yorc & sa cadette
Qui dans Paris font leur retraicte,
Deux autres qui chez les Anglois
Soupirent depuis plusieurs mois.

  Le Mardy pour leur asseurance 23. Feb.
Nos Deputez à l'Audience
Receurent des passepartous.

  Mercredy vingt & quatre tous 24. Feb.
Messieurs assemblez appellerent
Les noms de ceux qu'ils Deputterent.
Le Premier President Molé
Apres lequel fut appellé
Monsieur le President de Mesme,
Viole de la Chambre mesme:
En suitte de ces trois fut hoc
Menardeau, Catinal, le Coq,

Cumont, Palluau des Enquestes,
Auec le Febure des Requestes.
Dans le cours Monsieur de sainct Ost,
Vint au deuant d'eux au grand trot
Auec ordre de les conduire
Sans qu'il fut permis de leur nuire,
Iusques au Chasteau de Ruel,
Ordre qui pourtant ne fut tel
Qu'estrangere Caualerie
N'eut l'audace & l'effronterie
De roder en monstrant les dents
Pres du char de nos Presidents.
Enfin nostre Ambassade arriue,
Et l'on la saoulla comme griue
A Ruel, d'où le lendemain
Elle partit pour sainct Germain.
   Ce mesme iour sur l'asseurance
Que les Royaux en abondance
Par le pont de Gournay filoient,
Et que Bry sieger ils alloient,
(Lors pour le succez de nos armes
Nos Chefs oyoient Vespres aux Carmes,

Où sçachans que les ennemis
Deuant Bry le siege auoient mis,
Ils sortirent de nostre ville
Ayant à leur suitte vnze mille
Tant Caualiers que fantassins.
Si vous demandez leurs desseins,
Les voicy.   L'armée ennemie
Estant ce iour-là dans la Brie,
Ils alloient d'vn autre costé,
Et pour dire la verité,
Nos Chefs dans ces derniers bagarres
Ne firent que ioüer aux barres.
Estiez vous deuers Charenton,
Nous vous cherchions deuers Meudon,
Et si des deux partis le nostre
Rencontra quelquefois le vostre,
Où l'on fit de petits combats,
Ce fut qu'on ne s'entendit pas,
Ce fut par malheur, ou beueuë,
Par vne rencontre impreueuë,
Par quelques soldats trop vaillants,
Par des espions vn peu lents:

Par fois dans quelque caracolle,
Souuent contre voſtre parolle,
Et touſiours contre nos deſſeins,
Nous en ſommes venus aux mains.
Mais pour cette fois noſtre armée
Ne fut iamais plus animée,
Et vous fiſtes bien d'eſtre ailleurs
Pour euiter de grands malheurs.
Or trefue de la raillerie,
Tandis que vous fuſtes en Brie
Nos Generaux tenans les champs
Ce iour & les autres ſuiuants,
Donnerent temps à tout le monde
D'aller & de courre à la ronde,
Chercher infinité de grains,
Dont nos greniers furent ſi pleins
Que i'en ſçay pluſieurs qui creuerent
Des quantitez qui s'y treuuerent.
Les iours ſuiuans furent vendus 25.Feb.
Selon pluſieurs Arreſts rendus,
Les meubles de ſon Eminence,
Qui bien que pleine d'innocence,

Et qu'elle eust protesté d'abus,
Il n'en resta pourtant rien plus.
   Le Vendredy l'on a nouuelle   26. Feb.
Qui pour nous n'est bonne ny   Siege de
      belle,   Briecon-
Que le sieur Comte de Grancey,   terobert.
Sans que nous l'eussions offencé,
Auoit mis vn siege funeste
Deuant Bry. le seul qui nous reste,
Et qu'à l'abord le Gouuerneur
Nommé Bourgogne, homme d'hon-
      neur,
Auoit fait iusqu'à l'impossible,
Percé l'ennemy comme vn crible,
Et bien rabbatu son caquet
A coups de canon & mousquet,
Mais qu'enfin vne large bresche,
Le manque de poudre & de mesche,
Et le desespoir du secours
(Qui ne pouuoit pas auoir cours
A cause des mauuais passages,
Des defilez & marescages

Que nous ne pouuions pas gauchir,
Et que nous pouuions moins franchir,
Praslin tenant les aduenuës)
Faisant sauter Bourgogne aux nuës.
Il auoit fait vn bon traitté ,
Car tel il luy fut protesté.
Mais, las ! ceux qui tenoient le siege
Se seruirent du priuilege
Qui permet à tous les Normans
De ne tenir point leurs sermens ,
Puis que contre la foy promise
Ils mirent tous nuds en chemise
La plus grand part de nos soldats
Qui reuinrent les chausses bas.
 Ce fut au cul de la sepmaine 27. Feb.
Que nos Deputez vers la Reyne
Au Parlement sont reuenus,
Où deuant Senateurs chenus
Et tous nos Chefs à l'Audience
Ayant pris chacun leur seance,
Là de leur deputation
Ils firent exposition.

Et rapporterent que la Reyne
Auoit dit, Ie n'ay point de haine,
Et si i'osois boire du vin
Nous beurions ensemble demain :
Cependant nommer Commissaires
Qui soient Plenipotentiaires
Tant pour la general: paix,
Que pour descharger de son faix
Le pauure peuple de la France ;
Et pendant nostre Conference
Ceux qui vous portent à manger
Pourront passer sans nul danger.
Ce que la Cour treuua tres iuste,
Et nostre Parlement auguste
Conclut qu'en vn certain endroit
Des Deputez on ennoyroit,
Et mesmes qu'auant leur sortie
La Reyne en seroit aduertie.
Pour cet effet les Gens du Roy
S'y firent traisner par charroy.
Le Dimanche quelque canaille 28. Feb.
Dont le feu fut vn peu de paille,

Fit maniere d'emotion
Qui tendoit à sedition,
Elle en vouloit à la soutanne,
Et prit ie croy pour vne canne
Monsieur le President Thoré,
Qui fut à peine retiré
Des griffes de nostre fruictiere
Qui le traisnoit à la riuiere.

   Le Lundy premier iour de   1. Mars.
     Mars
Ie fus courre de toutes parts
Sans apprendre aucune nouuelle.
Le Mardy nous receusmes celle 2. Mars.
Qu'escriuoit le Duc d'Orleans,
Laquelle ouuerte, on lut dedans
Que c'estoit chose tres certaine,
Que la volonté de la Reyne
Estoit de fournir tous les iours
Que la Conference auroit cours
De bleds vne quantité fixe,
Ny plus courte, ny plus prolixe,
Tant par iour seulement. Surquoy

La Cour voulut qu'aux Gens du Roy
On eust à porter cette lettre,
Veu qu'ils estoient venu promettre
A leur retour de Sainct Germain
Bien plus de beurre que de pain,
Et des passages l'ouuerture,
Ce qui n'estoit qu'vne imposture.
Et qu'ils priroient leurs Majestez
De faire iour de tous costez,
Et de nous ouurir les passages,
Veu qu'ils sont de Dieu les images
Qui ne nous les boucha iamais,
Et qui se dit Dieu de la paix.
Bref, qu'ils rompent la Conference
Sur cét article, auec deffence
D'entrer en aucun pourparler,
Ains commandement d'enroller
Par les Prouinces & les Villes
Des soldats tant que tous les milles.

　Ils reuinrent le trois de Mars ; Mars
Moins guais que deuant des trois
　　quarts.

　　　　　　　　　　　N'ayans

N'ayans pû tirer de la Reine
Rien qu'vne mesure certaine
De muids de bled reduis à cent
Par chaque iour pour nostre argent,
Dont seroit faite deliurance
Moyennant que la conference
Commençast dez le lendemain,
Sur quoy Messieurs amis du pain
Conclurent qu'vne paix de verre
Valloit mieux qu'vne forte guerre,
Qu'vn souspir valoit moins qu'vn rot,
Qu'vn casque valoit moins qu'vn
    pot,
Vne brette qu'vne lardoire,
Coup à donner que coup à boire,
Et que le corps d'vn trespassé
Valoit bien moins qu'vn pot cassé,
Vn Cabaret mieux qu'vne garde,
Vne plume qu'vne hallebarde,
Mourir saoul, que mourir de faim,
Voulans que dès le lendemain.
Nos deputez fussent en voye

h

Ce iour nous eusmes de la ioye
D'apprendre qu'à la fin du temps
Nos soldats faisoient battre aux chãps,
Eux que pour leur long domicille
On nommoit les Soldats de Ville.
Voyons où s'addressa leurs pas,
Ce fut où vous ne fustes pas.
Ils camperent prés de la Seine
En toute bourgade prochaine,
Et se rasseurerent vn peu
Ayant de l'eau contre le feu ;
Auec vn pont sur la riuiere,
Par où par deuant par derriere
De tous costez, à gauche a droit
S'enfuir quand l'ennemy viendroit :
Pont que pour garantir d'embusche,
Et d'estre bruslé comme busche,
Bref pour le sauuer de tout tort
Aux deux bouts ils firent vn fort.
Le Ieudy se bottifierent   4. Mars
Et pour faire accord s'en allerent
Le Premier President Molé

Dont ie vous ay desja parlé,
Monsieur le President de Mesme,
Dont ie vous ay parlé de mesme,
Les Nemonds & les le Cogneux
Presidents au Mortiers tous deux,
Deux Conseillers de la grand Chambre
Dont la vertu sent meilleur qu'ambre :
Meßieurs Longueil & Menardeau
Pour qui ie veus faire vn Rondeau:
Des Enquestes Monsieur la Nauue
Homme de bien où Dieu me sauue,
Monsieur le Coq, monsieur Bitau,
Monsieur Violle & Palluau :
Monsieur le Febvre des Requestes :
Briçonnet Maistre des Requestes :
Ensuitte vn homme tresprudent
Des Comptes premier President:
Paris & l'Escuyer personnes.
Tres vertueuses & tres bonnes
Des Aydes Monsieur Amelot
Premier President fort deuot :
Meßieurs Bragelonne & quatre hômes

Qui pourtant ne font que deux hōmes,
Pour noſtre ville & le dernier
Vn Eſcheuin nommé Fournier :
Qui tous à Ruel s'arreſterent,
Où le lendemain arriuerent   5. Mars
Monſeigneur le Duc d'Orleans,
Et Vous qui n'eſtiez pas ceans,
C'eſt Vous Prince, que i'apoſtrophe,
Vous qui faiſiez le Philoſophe
Et l'homme d'Eſtat dans Ruel,
Vous qui traittiez de criminel
Vn Corps qui ſera voſtre Iuge,
(Diſons pluſtoſt voſtre refuge.)
Prince auoüez nous à preſent   Monſieur
Ce qui vous ſembla mal-   le Prince
    plaiſant   conteſta
                           contre
Auant voſtre metamorphoſe,   l'Article
Que c'eſt vn' agreable choſe   qui porte,
De n'eſtre point pris ſans de-   que tout
    cret,   priſōnier
                           ſera inter-
Et que c'eſtoit là le ſecret   rogé dans
Qui pouuoit ſauuer voſtre Al-   les 24.
    teſſe   heures.

D'vne captiuité traiſtreſſe
Dont on ne ſe peut garantir,
Et qui vient ſans nous aduertir.
Vous voila tombé dans le piege:
Qui l'euſt dit que ce priuilege
Que voſtre interpretation
A couuert de confuſion,
Ce priuilege raiſonnable
Le ſeul recours d'vn miſerable,
De n'eſtre qu'vn iour en priſon
Par tyrannie & ſans raiſon,
Et par vne prompte audience
Pouuoir monſtrer ſon innocence:
Que ce priuilege ſi doux,
Qui ne ſera meshuy pour vous,
Vous euſt vn an apres fait faute:
Vous contiez bien lors ſans voſtre hoſte.
Mais trefue de moralitez,
Reuenons à nos Deputez,
Qui dés que dedans la Conferance
Ils eurent veu ſon Eminence,
La regardans à pluſieurs fois,

Firent le signe de la croix,
Esbahis de reuoir vn homme
Qu'ils croyoient de retour à Rome,
Et dont les François quelque iour
Auroient regretté le retour.
Mais cependant pour la grimace,
Et pour plaire à la populace
On le pria de s'en aller
Auant qu'on se mist à parler.
  Le Dimanche ie vis vn homme 7. Mars
Qui disoit que vers Bray sur Somme
L'Archiduc auoit desia beu,
Et que vers Guise on auoit veu
Voltiger des trouppes d'Espagne;
Que le Duc Charles en Champagne
Prés d'Auennes se pourmenoit,
Et forces trouppes qu'il menoit.
  Lundy qu'il estoit inutile   8. Mars
Le Regiment de nostre Ville,
Leué non sans beaucoup de frais
En vn temps qu'on faisoit la paix,
Ioignit l'armée à Ville-Iuisue,

Qui de loin luy criant. Qui viue,
Il creut qu'il estoit desia mort,
Et demanda quartier d'abord.
Il estoit fait de Iansenistes,
D'illuminez & d'Arnau-
　　distes,

Monsieur le Duc de Luynes Ianseniste en estoit Maistre de Camp.

Qui tous en cette occasion
Requeroient la confession
Dont ils auoient blasmé l'vsage:
I'ouys vn de ce badaudage
Qui demandoit à Dieu tout bas
La grace qu'il ne croyoit pas.
　　Ce iour la Cour tira de peine
Le grand Mareschal de Turenne
Tenu coupable à sainct Germain,
Pour n'auoir pas presté la main
A la ruine de la Fronde,
(C'est comme en parloit tout le monde
Du party pretendu Royal.)
On disoit de ce Mareschal
Que pour nostre Ville affamée
Il auoit offert son armée.

Nostre Parlement l'accepta,
Et dés ce iour mesme arresta
Que declaration & Bulle,
Toute sentence seroit nulle,
Et tout Arrest fait contre luy :
Ordonnant que dés auiourd'huy
Il reuint s'il pouuoit en France :
Et de plus pour sa subsistance
Que cent mille escus il prendroit
Ez Receptes qu'il trouueroit.
Le Mardy la Cour estonnée   9. Mars
Sur la remonstrance donnée
Par le Procureur General
Que quelqu'vn du party Royal
Fist deliurer l'autre sepmaine
Soubs l'authorité de la Reine
Des commissions à certains,
Aux Damillis, aux Lauerdins,
Aux Gallerandes, aux Courcelles,
De leuer des Trouppes nouuelles.
Ausquels & tous autres deffend
Haute & puissante Cour qui pend

Ceux qui sa volonté violent,
Que plus de soldats ils n'enrollent,
Sans vn Royal commandement
Approuué par le Parlement.
Deffence à toute ame guerriere,
Gentilhomme ou bien roturiere,
De prendre employ ny s'enroller,
Sur peine de degringoler
Du haut de Noblesse en roture,
Et de roture en sepulture.
Veut que les villes & les bourgs
Courent dessus eux comme à l'Ours,
Qu'ils s'assemblent à son de cloche,
Qu'à pied, qu'à cheual, ou par coche
Ils courrent apres tels soldats,
Et qu'ils leurs rompent les deux bras.
      Le dix on sceut qu'en Nor-   10. Mars.
            mandie,
Pour ioindre à l'armée ennemie
Le Barron de Marre leuoit
Le plus de Trouppes qu'il pouuoit:
Mais que Chamboy guerrier habille,

Lieutenant du grand Longueville,
Auec cinq ou six cens cheuaux
Ayant poursuiuy ces Royaux ;
Sceut que dans le Chasteau de Chesne
Ces gens qu'on faisoit pour la Reine
Auoient esleu leur rendez-vous.
Il y courut tout en courroux,
Et par vn plaisant artifice
Faisant faire alte à sa milice
Luy trentiesme quittant le gros
Vint à Chesne tout à propos,
Où sans dire qu'il fust des nostres
Il fut receu comme les autres,
Qui beuuoient tous comme des trous,
Et qu'on tua comme des poux :
Car Chamboy s'estant fait connoistre
Se rendit aisement le Maistre,
Et les prit tous on les tua,
Comme vn second Gargantua.
    Le Ieudy vint à l'Audience 11. Mars
Auec des lettres de creance
Que dans sa poche il apporta,

Vn Deputté que deputta
Monsieur le Duc de la Trimoüille
Qui voulant empescher la roüille
De son courage martial,
Monté dessus son grand cheual
Pour le secours de nostre ville,
Auoit leué prés de trois mille
La moitié grimpez sur roußins.
L'autre moitié de fantaßins.
    La nuit les Trouppes ennemies
Que nous croyions estre endormies,
Vinrent voir ce que nous faisions,
Et virent que nous acheuions
Nostre pont dessus la riuiere,
Ouurage qui ne leur plut guere,
Et qu'elles eußent bien-aimé
De voir de loin bien allumé :
Ce fut du costé de la Brie
Que parut leur Cauallerie
Qui vint recomnoistre ce pont,
Mais son retour fut außi prompt
Qu auoit esté son arriuée,

Heureuse de s'estre sauuée,
Puis qu'elle eust bien-tost veu beau
    ieu;
Les nostres affligez fort peu
D'auoir manqué cette couronne,
Et de n'auoir tué personne,
Veu que c'est vn acte cruel:
Et que l'on traittoit à Ruel.
  D'où le lendemain retourne- 12. Mars
    rent,
Et des articles apporterent
Tous nos Meßieurs les Deputez
Assez tard, mais assez crottez.
Et dés ce iour les deux armées,
Se sont vniquement aimées,
Il n'est pas resté pour vn grain
De Frondeur ny de Mazarin.
  Samedy la Cour assemblée   13. Mars
Parut extremement troublée
D'apprendre que nos Generaux
N'auoient esté qu'en certains mots
Compris au traitté pacifique,

                              Sans

Sans auoir fourny de replique,
Veu que personne de leur part
N'auoit contesté pour leur part.
Si bien qu'en cette conjoncture,
Il fut dit qu'auant la lecture
De ce qu'on auoit arresté,
Derechef seroit deputté
Pour conferer des aduantages
De ces illustres personnages
Et de tous les interessez,
Tant qu'ils eussent dit c'est assez,
Qu'on supplieroit le Roy de mettre
En vne seule & mesme lettre.

   Ce iour on eut aduis certain
Que Monsieur du Plessis Praslain
Auoit des trouppes ennemies
Fait vn amas des mieux choisies,
Pour s'opposer à l'Archiduc
Qui s'auançoit d'vn pas caduc,
Et de qui la desmarche lente
Ne donnoit pas moins d'espouuante.

Le Dimanche, les Deputez 14. Mars

En carroſſe eſtoient ià montez.
Quand lettre du Roy fut receuë
En termes abſolus conceuë
Portant vne interdiction
De faire deputation,
Que les Articles qu'apporterent
Vendredy, ceux qui confererent,
N'euſſent eſté verifiez.
Surquoy Meſſieurs furent criez
Par l'inſolente populace,
Qui les pouſſoit auec menace,
Diſant tout haut ie ſons vendus,
Ie ſerons bien-toſt tous pendus
S'il plaiſt au bon Dieu ma commere,
C'eſt grand pitié que la miſere :
Ils auons ſigné noſtre mort,
C'eſt fait de Monſieur de Biaufort :
Guerre & point de paix pour vn
    double.
Mais en depit de ce grand trouble,
Il fut par Meſſieurs reſolu
Que le lendemain ſeroit leu

Le contenu desdits Articles,
Et qu'auec paire de besicles
On examineroit de prés
S'ils portoient vne bonne paix.

   Le Lundy. La teste affublée 15. Mars
Nos Chefs estans en l'assemblée,
Lesdits Articles furent leûs,
Et la Cour n'en fit point refus;
Mais seulement pour la reforme
De quelqu'vn qui sembloit enorme
Ordonna qu'on deputeroit,
Et qu'ensemble l'on parleroit,
Pour nos Chefs, qui feroient escrire
Ce que chacun pour soy desire,
Pour estre au Traicté de Paris
Tous les interessez compris.

   Ce Lundy. Le Courrier du Maine,
Mit nos esprits hors de la peine
Où long-temps ils auoient esté,
Si le Diable auoit emporté
Le sieur Marquis de la Boullaye,
Qu'il asseura pour chose vraye

i ij

Auoir parû vers ces quartiers
Auecque force Caualliers,
Qui sçauoient mener le carrosse,
Et ne cherchoient que playe & bosse.

La Boullaye commãdoit le Regimét des Cochers de Paris.

Que le Marquis de Lauardin
Fuyant deuant eux comme vn din,
Toute la Mancelle contrée
Pour Paris s'estoit declarée.

Le Mardy. Tous nos Deputez 16. Mars
Sous des passe ports apportez,
Pour la troisiesme fois marcherent,
Et comme il estoit dit, allerent
Pour leurs Majestez supplier
Que du mois d'Octobre dernier
La declaration receuë
Apres tant d'allée & venuë
Pour le commun soulagement,
Ne souffrist aucun detriment.

Le Mercredy. Lettre ciuille 17.
Vint de Monsieur de Longueuille,

Qu'il addreſſoit au Parlement,
Et qui n'eſtoit qu'vn compliment,
A qui fit auſſi toſt reſponce
La Cour qui peſe tout à l'once.
   Or ce iour le Duc de Boüillon
Ayant pris congé du boüil-
   lon
Des medecines, des clyſteres,
Et des drogues d'Apothi-
   quaires,
N'eſtant debout que de ce iour,
Releua la Mothe Houdancour,
A Ville Iuifue, où noſtre armée
S'eſtoit deſia bien enrhumée.
   C'eſt ce meſme iour qu'on a ſçeu
Qu'au Mans auoit eſté receu
Noſtre Marquis de la Boullaye,
Qui bien qu'il criaſt holla, haye,
Alte, Marquis de Lauardin,
L'autre ne fut pas ſi badin
Que de tourner iamais viſage,
Ains courut touſiours dauantage.

Le Duc de Boüillon fut toû-iours ma-lade pen-dant noſtre guerre.

                              i iij

Qu'à la parfin nostre Marquis
Ayant force chappons conquis,
Les faisoit cuire en cette ville,
Et que ses gens estoient cinq mille.
    Vn autre aduis bien plus certain,
Fut que le Mareschal Praslain,
Qui d'vne desmarche guerriere
Estoit allé sur la frontiere
Taster lë poux à Leopol,
Auoit pris ses iambes au col,
Sans auoir dit ny quoy, ny qu'est ce,
(Ce qui n'est pas grande prouesse,)
Et qu'estant icy de retour,
Dans leurs Garnisons d'alentour
Ses Trouppes estoient retournées :
Trouppes tres-mal moriginées,
Et qui contre l'accord passé
D'acte d'hostilité cessé,
Pillerent toute la cheuance
De deux bourgs à leur bienseance,
Qu'ils treuuerent sur leur chemin,
Chemin que tenan sans dessein,

Quelque Boullangere badine,
Blanche pour le moins de farine,
Qui venoit de vendre son pain,
Se sentit legere d'vn grain,
Sans argent & sans pucellage,
Horsmis vne qui fut si sage
Que de le laisser à Paris,
Qui n'eut que son argent de pris.
    Le Ieudy, les Chefs de nos 18.Mars
        bandes,
Ayant fait chacun des legendes
De tous leurs petits interests,
Commirent à Ruël exprés
Pour porter leurs humbles prieres,
Le Duc de Brissac, & Barrieres,
Le sieur de Bas, & de Crecy.
    Le Vendredy dix-neuf, icy 19.Mars
Nous sçeumes que dans la Gascogne
La Reine auoit de la besogne,
Que le Parlement de Bordeaux
Tout prest à joüer des cousteaux,
Auoit fait armer à nostre aide.

L'action n'en estoit pas laide,
Car le Normand & ce Gascon,
Et le nostre faisoient tricon.

Ce mesme iour par vne lettre
Thoulouse nous faisoit promettre
Que nous pouuions tenir pour hoc
Le Parlement de Languedoc,
Qui se declaroit pour le nostre,
Tellement qu'auecque cét autre,
C'estoit vn quatorze bien fait.

Le Samedy ny beau ny laid   20 Mars
Ny chaud ny froid à l'Audience
Nos Generaux prirent seance,
Et là dirent tous d'vne voix,
Qu'ils auoient donné cette fois
Des propositions à faire,
Mais qu'ils l'auoient creu necessaire
Monsieur le Cardinal resté,
Pour auoir plus de seureté,
Sçachans bien qu'homme d'Italie
Iamais vne offence n'oublie.
Qu'au contraire ils estoient tous prests

D'abandonner leurs interests
S'il luy plaisoit faire voyage.
Sinon, que pour vn tesmoignage
Qu'ils seroient tousiours seruiteurs
De nos illustres Senateurs,
Ils s'en rapportoient à ces Iuges,
Protestans que dans nos grabuges
Ils auoient armé seulement
Pour le public soulagement.

Ce iour Ordonnance Royalle
Dessus la plainte generalle
Qu auoient faite nos Escheuins,
Qui n'estoient pas des Quinze vingts,
Voulust qu'on nous donnast des viures,
Pain & vin, dequoi nous rendre yures,
Et boire en diable à la santé
De sa Chrestienne Majesté,
De toutes parts, par eau, par terre,
Librement comme auant la guerre
Le commerce estant restably,
Et le reste mis en oubly :
Bonne nouuelle pour la pance.

Lundy vingt & deux, en   22. Mars
          l'absence
Du vaillant Prince de Conty,
Que la fiévre auoit inuesty,
Le Coadiuteur en sa place
Vint au Parlement de sa grace,
Dire que le iour precedent
L'Archiduc homme fort prudent,
Escriuit au Prince malade
Qu'ayant fait vne caualcade,
Et dit au Mareschal Praslain,
Ie suis sur ta terre villain,
Pour oster toute deffiance
Qu'il vouluft enuahir la France,
Il estoit prest de retourner,
Si la Reine pour terminer
Les differens des deux Couronnes
Vouloit nommer quelques personnes,
Et dit nostre frondant Pasteur,
Que Conty prenant fort à cœur
L'occasion aduantageuse
De conclure vne paix heureuse

Auoit à Ruël deputté
Pour derechef estre insisté
Sur ce que l'Archiduc propose,
Qui meritoit bien vne pose :
Et qu'il coniuroit nostre Cour
Par son zele & par son amour,
De peser vn peu cette affaire,
Et la paix qu'elle pouuoit faire :
Et qu'il estoit tousiours prest pour luy
D'abandonner dés aujourd huy
Tout ce qu'il auoit pû pretendre
Si Messieurs y vouloient entendre,
Qu'au contraire si Leopol
Par supercherie ou par dol
Venoit pour pescher en eau trouble
(Dont i'aurois parié le double)
Il declaroit dés à present
Qu'il ne le treuuoit pas plaisant,
Que luy mesme sur les frontieres
Iroit luy tailler des jartieres,
Et l'accommodant de rosty
Se monstrer Prince de Conty.

Surquoy Messieurs firent escrire
Tout le contenu de son dire.

   Ce iour on sçeut qu'à S. Germain
On auoit fait accueil humain
Aux Deputez de Normandie,
Qui pour chasser la maladie
Dont nous estions tous menacez,
Y venoient comme interessez
Pour deliberer du remede ;
Que le bon Dieu leur soit en aide.

   Le Mercredy, l'on sçeut qu'Erlac
Estoit clos & coy dans Brissac,
Quoy qu'on nous voulust faire en-
   tendre
Qu'il venoit nous reduire en cendre.
L'on sçeut que Normands deputez
S'estoient tous bien fort aheurtez
A l'enuoy de son Eminence,
Et l'on nous donnoit asseurance
Qu'ils ne despliroient leur cahier
Qu'il n'eust vn pied dans l'estrier.
Mais s'il est vray qu'ils le promirent,

                              Ces

Ces Normans apres se desdirent,
Et certes autant à propos
Qu'il se peut pour nostre repos :
Car qu'on renuoyast pour leur plaire
Vn ministre si necessaire
Comme monsieur le Cardinal ;
Quelque sot se fut fait du mal,
Et plus sot qui l'auroit pû croire
Qu'vn Prince ialoux de sa gloire
Eut deffait ce qu'il auoit fait
En vn fauory si parfait,
Pour quelque courtaut de boutique
Qui n'aimoit pas sa politique.
Aussi les Deputez Normans
S'ils auoient fait quelques sermens
De ne desplier point leur Roelle,
Ne garderent pas leur parolle,
Et cette fois manquant de foy
Seruirent la France & leur Roy.

Ce mesme iour. Fut dit en ville
Que le grand Duc de Longueville
Auoit pour assieger Harfleur

K

Fait partir sous vn chef de Cœur
Des trouppes dez le dix-septiesme :
Et que ce chef le dix-neufuiesme
Par vn tambour nommé la fleur
Fit sommer la ville d'Harfleur,
Qui luy dit voſtre fille Heleine :
Ie suis seruante de la Reine.
Mais quatre pieces de canon
Luy firent bien-toſt dire non ;
Car plus deffaitte qu'vn Cadaure
Ayant deſpeſché vers le Haure
Dont chacun ſcait qu'elle depend,
Pour venir eſtre ſon garand
(C'eſtoient les termes de ſa lettre)
Ce Gouuerneur ſe voulut mettre
En deuoir de la ſecourir
Et pour l'empeſcher de perir
Detacha deux cens cinquante hommes
Qui venoient en mangeans des pommes,
Quand ſur le chemin ces mangeans
Treuuent vn party de nos gens :
La peur ſaiſit ces miſerables

Qui fuyrent comme des beaux diables
Nul ne regardant apres foy.
Enfin ils eurent tant d'effroy
Que quand dans le Havre ils rentre-
     rent
Les huict heures du soir frapperent
Bien que partis au chant du coq,
Et que Harfleur qui nous est hoc,
Du Havre fust à demie lieuë,
Mais la peur qu'ils auoient en queuë
Leurs fit oublier le chemin,
Tellement que le lendemain
Harfleur nous fit ouurir la porte.
La garnifon n'eftant pas forte
Se rendit à difcretion.
Apres cette reddition
Nos gens furent faire gogaille
Au Chafteau de Pierre de taille
Du Sieur de Fontaine Martel
chafteau tres fort, mais non pas tel
Que les noftres ne le forcerent
Et deux canons n'en rapporterent ;
K ÿ

Sans les meubles & le bestail,
Dont ie ne fait point le detail.
  Le Ieudy iour que Nostre
    Dame
Sceut que de fille elle estoit
    femme
Par vne Annonciation,
Tout estoit en deuotion
Quand lettre de cachet venuë
Fit que sceance fut tenuë,
Où quand nos chefs furent venus
Tous les premiers propos tenus
Furent de sçauoir si la trefue
Ennuyeuse aux gens de la Greue,
Et qui finissoit ce iour-là,
Passeroit encor au de-là,
Trefue qui receut anicroche
Iusques au Lundy le plus proche
Et compris inclusiuement
Par vn Arrest du Parlement.
  Ce iour à la Ferté sur Iouarre,
Vn Mazarin qui disoit, Garre,

25. Mars
le iour de
l'Annon-
ciation.

Qu'on face place à mon cheual,
Ie viens pour le party Royal
Loger icy des gens de guerre,
Fut accueilly à coups de pierre,
Et de quelque coup de fusil,
Ie pense que d'vn grain de mil
On eust lors bouché son derriere,
Heureux de retourner arriere,
Maudissant tout cicatrisé
Le Manant mal ciuilisé,
Qui depuis garda ses murailles
Crainte du droict de represailles.
  Samedy du mois le vingt-sept, 27
Vostre frere encor tout mal fait
Du reste de sa maladie,
Fit declaration hardie :
Que celles que iusqu'à ce iour
Il auoit faites à la Cour
De ne faire aucune demande
Pour luy ny pour ceux de sa bande,
Le Cardinal estant sorty ;
Que foy de Prince de Conty

Ces declarations signées
Qu'on auoit iusqu'icy bernées,
Receuroient applaudissement,
Pourueu qu'il pleust au Parlement
Rendre Arrest, que son Eminence
Eust à denicher de la France,
Parce qu'il ne pouuoit iamais
Autrement conclurre la paix :
Que le feu par tout s'alloit prendre
S'il n'estoit couuert de sa cendre :
Qu'il prioit la Cour d'y resuer
Auant mesmes que se leuer ;
Surquoy la Cour à sa priere
Resua tant sur cette matiere
Qu'apres son resue elle a treuué
Qu'il auoit le premier resué.
Cependant pour faire grimace,
Et pour ne rompre pas en face
De ce Prince qu'elle honoroit,
La Cour dit que l'on ennoyroit
Insister sur cette retraitte,
Qui ne s'est pas encore faitte.

Ce iour nous sceusmes que Ierjay
Du party contraire engagé,
Partoit de sainct Germain en Laye
Pour s'opposer à la Boullaye
Qui faisoit merueille en Anjou,
(Car il n'est pas tous les iours fou,
Comme il n'est pas tous les iours feste)
Et puis ce n'est que par la teste
Qu'il est fol, quand il l'est par fois
Notamment les onze des
        mois.

Ce fut le 11. Decembre qu'on dit que M de la Boullaye cria aux armes.

.Or ce Marquis à teste seiche
Estoit entré dedans la
        Fleche.

Le Dimanche on sceut qu'à
        Bordeaux

18. Mars

Les coups desia pleuuoient à sceaux,
Le tout pour la cause commune:
L'habitant au clair de la Lune
Auoit pris le Chasteau du Hast,
Et depuis auoit fait vn pact
D'inuestir le Chasteau Trompettes

Cela n'est point dans la Gazette.
  Ce iour mesme il vint vn Courrier,
Qui perdit cent fois l'estrier,
Et se pensa casser la teste
Tant il pressa sa pauvre beste.
On l'auoit fait partir expres,
Parce que le grand Duc de Rets
Auoit dit, Nous sommes deux mille,
Bon iour Monsieur de Longueville,
Ie ne vous ay veu de cet an,
Et cela fut dit dans Roüen.
  Le iour d'apres, en l'assemblée,   29.
De diuers soucis accablée
Sçauoir si l'on continueroit
Comme la Reine desiroit
Nostre trefue en son agonie,
Conclut toute là compagnie
Qu'elle auroit liberalement
Vingt & quatre heures seulement.
Apres lesquelles nouueau trouble,
Et plus de trefue pour vn double.
  Ce mesme iour fut deffendu

Par vn Arrest qui fut rendu,
Qu'on n'imprimast plus aucun liure,
Dont le debit auroit fait viure
Quelque miserable Imprimeur,
Et quelque Burlesque rimeur,
Qui comme vn second Mithridatte
Estoit plus friand qu'vne chatte
Au poison qui le nourrissoit
Dans l'instant qu'il le vomissoit.
Glorieux de la medisance
Qu'il faisoit de son Eminence
Il viuoit de son aconit :
Et c'estoit pour lors pain benit
De parler mal du ministere,
De chanter Prince de lanlere,
(Car on parloit presque aussi mal
De vous comme du Cardinal.)
On ne vit onc tant de satires
Ny de meilleures, ny de pires
Qu'on en fit de vous & de luy,
Et de vous encor àiourd'huy.
La Cour sans expres congé d'elle

Sur vne peine corporelle
Deffendit de rien imprimer,
Ce qui ne fit que r'animer
Cette criminelle manie
Que chacun croyoit affoupie,
Mais de qui la demangeaifon
S'accroift depuis voftre prifon.
  Le Mardy. La nuict eftoit clofe 30 Mars
(L'homme propofe & Dieu difpofe)
Lors qu'on ne les attendoit plus
Nos Deputez font reuenus.
  Le Mercredy. Dans l'audience 31. Mars
Le procez de la Conference.
Leû qu'il fut haut de bout en bout,
Au lendemain on remit tout.
  Et le premier d'Auril fut leüe 1. Auril
La Declaration receüe
Qui nous rendit noftre repos,
Dont voicy les poincts principaux.
Nos arrefts , efcrits & libelles
Ne feront que des bagatelles.
Depuis le fixiefme Ianuier

Qu'il fut tant perdu de papier:
Sans que pour chose aucune faitte
Personne en soit plus inquiette,
Ce que pour nous rendre plus doux,
Le Roy volut que contre nous
Tant de lettres expediées
De Declarations criées
Du costé de sa Maiesté,
Tout fust cassé par sa bonté,
Qui prit la place de la haine:
Et dit que sa Mamman la Reine
Dés le premier beau iour d'Esté
Enuoyroit au Fleuue Lethé
Quelqu'vn qui prist de cette
   eau forte,
Qui fit oublier toute sorte
D'vnions Ligues & Traittez,
Dont ne seroient inquietez
Ceux qui pour faire telle Ligue,
Non contens de faire vne brigue,
Ont leué soldats, pris deniers,
Tant publics que particuliers,

Lethé est
le Fleuue
d'oubly.

Qu'on maintiendra dans leurs Offices,
Biens, honneurs, charges, benefices,
Au mesme estat qu'ils se treuuoient
Quand les Parisiens beuuoient
La nuict des Rois, nuict qu'ils perdi-
     rent
Le vray pour mille faux qu'ils firent:
Pourueu qu'ils mettent armes bas,
Et ne s'opiniastrent pas
Aux ligues s'ils en ont aucune
Sous couleur de cause commune.
Tous les prisonniers renuoyez:
Tous nos soldats congediez,
Ce qui fut fait. La Cour ioyeuse
D'vne fin de guerre ennuyeuse,
L'enregistra, la publia,
Verifia, ratifia:
Et quand elle fut publiée,
Registrée & verifiée,
Dit qu'on prieroit leurs Maiestez
De rendre à Paris ses beautez,
Sa splendeur & son Eminence

                              En

En l'honorant de leur presence :
Ce qui ne se fit pas si tost
Qu'auroit souhaité le Courtaut :
Car le Roy partit pour Compiegne,
Où trois mois il tint comme teigne,
Et ne revint de tres-long temps
Au grand deüil de nos habitans.

	Ainsi la paix nous fut donnée,
Et nostre guerre terminée ;
Ainsi finit nostre blocus,
Ainsi ny vainqueurs ny vaincus
Nous n'eusmes ny gloire ny honte :
Nul des partis n'y fit son compte,
Le Vostre y souffrit moult ennuis,
Y passa de mauuaises nuicts
Dans vn si grand froid , qu'on pre-
	sume
Qu'il y gagna beaucoup de rhume,
Le nostre en fut incommodé :
Le Carnaual en a grondé :
Le Caresme en a fait sa plainte :
Philis, Cloris, Siluie, Aminte,

		L

Y perdirent tous leurs Gallands:
Le Palais n'eut plus de Chalands:
Le Procureur fut sans pratique:
Le Marchand ferma sa boutique.
L'Arthamene fut sans debit:
Et l'on pensa chanter l'obit
De Librahim, de Polexandre,
De Cleopatre & de Cassandre,
Avec celuy de leurs Autheurs,
Leurs Libraires, & leurs Lecteurs.
Le Sermon n'eut plus d'audience:
Le Charlatan plus de creance:
L'Hostel de Bourgogne ferma:
La Trouppe du Marais s'arma;
Iodelet n'eut plus de farine
Dont il peust barboüiller sa mine:
Les Marchez n'eurent plus de pain,
Et chacun plus ou moins eut faim,
Mais si tost que par sa presence
La paix nous promit l'abondance
Que le Roy seul nous redonna
Quand sa Majesté retourna;

Aussi tost disparut le trouble:
Plus de miseres pour vn double.
Paris a repris sa beauté,
Tout est dans la prosperité,
Le Marchand est à sa boutique,
Le Procureur à sa pratique,
Les hommes de Robe au Palais,
Les Comediens au Marais,
Les Artisans à leur ouurage,
Les Bourgeois sont à leur mesnage,
Les bonnes femmes au Sermon;
Cormier est à son Galbanon,
L'Apotichaire à sa seringue,
Et Vous, le Vainqueur de Nortlingue,
De Rocroy, de Fribour, de Lens,
L'effroy de tous les Castillans,
Estes dans le Bois de Vincenne,
Dieu Vous y conserue & maintienne
En Santé.

F I N.